SOMMAIRE

Mon parcours **6**

L'appel de la terre
Pourquoi le modelage ? **12**
Comment s'organiser ? **16**

Avant de commencer **20**

Le baptême de la terre
La terre **32**
L'eau **38**
L'air **42**
Le feu **44**

Modeler la terre
Conversation avec la terre **48**
De l'informel au formel **50**
Voir et se donner à voir **56**
Vers une réalisation personnelle **60**

Le modelage comme un massage actif **64**
Galerie **66**
Bibliographie **76**

MON PARCOURS

« Avance sur ta route,
car elle n'existe que par ta marche. »

Saint Augustin

Je suis née à Orléans, il y a soixante-deux ans... Fille de médecin et troisième d'une fratrie de six enfants.

Mon goût pour la sculpture a été précédé par l'envie de crayonner. Très jeune je me revois remplir de couleurs les dessins que mon père me préparait. Lui-même petit-fils et fils de médecin, très attiré par les arts, choisit de les pratiquer en amateur tout en suivant la tradition familiale. Il a créé un atelier où chaque semaine se réunissaient des peintres médecins, essentiellement des rapatriés d'Algérie, animé par un ancien Prix de Rome. C'était pour lui une façon de les accueillir. J'ai donc été bercée par ces moments de partage autour de la peinture et, c'est tout naturellement que je me suis inscrite aux Beaux-Arts, encouragée par mon professeur de dessin.
Mais... l'enjeu était d'être indépendante et l'idée de gagner sa vie avec l'art n'avait pas fait son chemin dans ma famille. C'est donc résignée que j'ai pris le chemin de l'école d'infirmière à la Croix Rouge d'Orléans, avec un enseignement plutôt militaire à l'époque. Reprendre des études aux Beaux-Arts ensuite m'a paru difficile. J'étais encore jeune mais me pensais trop vieille pour me rasseoir sur un banc d'école. J'ai donc travaillé sans jamais pour autant oublier d'emporter avec moi mon matériel (pinceaux, crayons et toiles...) comme un « doudou ».

Je me suis mariée, j'ai eu des enfants mais je n'ai jamais oublié mes rêves artistiques. J'ai continué à pratiquer très régulièrement, et c'est cette toile de fond créatrice qui m'a soutenue et m'a permis d'enrichir ma vie, de la remplir et de me soutenir dans les moments difficiles.

Parallèlement, j'ai exercé mon métier d'infirmière avec passion dans différents services, en cancérologie, en pédiatrie, en soins palliatifs... Et j'ai toujours privilégié les moments de créativité dans l'accompagnement de personnes soumises à des traitements lourds et difficiles. J'ai pu constater que ces patients avaient moins d'effets secondaires lorsqu'ils étaient invités à être créatifs en stimulant leurs ressources émotionnelles positives...

Mon dernier poste hospitalier a été infirmière surveillante dans une maison de retraite. J'ai toujours aimé les personnes âgées. Elles me rassurent ; elles ont traversé la vie sans renoncer... J'ai accompagné les aînés avec enthousiasme en les invitant à renouer avec leurs émotions créatrices. C'est ainsi que des ateliers variés ont été mis en place. Des ateliers de musique aux vertus kinesthésiques ont notamment été créés, ayant pour fonction de raviver la mémoire par des paroles oubliées et souvent retrouvées. Tous étaient invités à danser avec les membres du personnel. Ces ateliers ont été très bénéfiques. Un CD a vu le jour : *La Mémoire pour futur, la musique pour renaître*, en collaboration avec les personnes âgées, les familles, y compris les petits enfants, le personnel, les bénévoles, et orchestré par un musicien professionnel. Ce fut l'occasion d'une vie sociale avec de grands bonheurs, partages et joies.

C'est alors qu'un vent nouveau a soufflé pour moi, la direction a changé et le projet de vie avec ; l'idée de prendre du plaisir avec les résidents n'a plus été au goût du jour. En quelque sorte, on me demandait de cesser ces activités qui amenaient tant de vie. Je me suis interrogée, j'ai réfléchi, entamé un travail sur moi... et décidé que l'art devait faire désormais partie intégrante de ma vie et que je devais partager cette conviction qui avait fait ses preuves dans mon parcours de soignante. Il fallait que je crédibilise cette pratique. Je me suis donc engagée en art-thérapie à Paris V René Descartes où un parcours de trois ans passionnant m'attendait. Enfin j'allais pouvoir théoriser ce qui jusqu'alors n'était qu'instinctif ! Inscrite en section plasticienne, puisque je pratiquais la peinture, je n'imaginais même pas encore que j'allais accoster sur d'autres rives et que j'allais m'enthousiasmer pour un autre matériau.

Ces sont les stages obligatoires à l'Hôpital Sainte Anne de Paris qui m'ont fait découvrir la « terre ». D'abord intimidée par la lourdeur, la pesanteur, j'ai osé plonger les mains dedans. Je peux parler d'une rencontre, même d'une révélation, comme si ce moment m'attendait depuis toujours. J'avais juste trouvé mon « truc » et j'étais heureuse. J'avais 48 ans ! Le chemin a été long ! Depuis j'avance sur ma route...

En art thérapie, le « médiateur terre » utilisé ne demande pas de connaissance particulière concernant son origine, sa cuisson, etc. Mais ma quête ne s'arrêtait pas là. Je voulais tout savoir, pour le plaisir, pour moi, et non plus comme objet de transfert avec les patients. En modelage, c'est la technique qui fait « loi ». Sans son soutien, rien ne peut émerger, tout peut s'effondrer.
Frère Daniel de Montmollin nous dit : « pas de créativité sans technique ». La créativité et la technique marchent donc main dans la main pour aboutir à des objets finis, résistants, utiles, beaux. Des objets de plaisir. C'est pourquoi je me suis inscrite à l'Institut de

Céramique de la Manufacture de Sèvres où j'ai suivi une formation qualifiante puis, toujours enthousiaste, je me suis installée avec une amie comme artiste professionnelle à Versailles.

Pendant deux ans, j'ai suivi une formation avec Helena Klug, en coordination avec le frère Daniel de Montmollin, pour la fabrication très complexe des émaux. Helena m'a donné un cadre, une rigueur dont j'avais besoin. Ce travail m'a sécurisée au milieu de tous ces possibles qu'offre la terre. L'alternance de créativité et de recherche m'a si bien convenu que depuis je n'arrête plus... Ce bien-être ressenti m'a amené à ouvrir un autre atelier où j'allais pouvoir partager et transmettre mon expérience. *Terres à vivre Versailles* était né. Aujourd'hui, quinze ans après, je reçois des personnes de tout âge, avec ou sans difficultés psychiques, avec juste pour cadre l'enjeu artistique, les bénéfices secondaires de chacun œuvrant efficacement ! Je m'efforce d'être attentive à la personnalité et au projet de chacun.

Je garde du temps pour ma production artistique professionnelle : j'aime faire des portraits et les émailler. Il y a tant de mystères dans un visage ; deux yeux, deux oreilles, un nez, une bouche, des sourcils, des cheveux... Toujours, inlassablement, les mêmes ingrédients et pourtant une infinité de possibles.
J'ai aussi ouvert un autre atelier en Sologne, avec des stages à thèmes ou libres. Ainsi une nouvelle aventure commence. J'aime être un passeur, quelqu'un qui aide à aller à la rencontre de soi et de sa créativité. Enfin, je m'efforce d'être une personne que j'aurais voulu rencontrer au cours de mes errances artistiques.

J'ai enfin emboîté mon pas.

L'APPEL
DE LA TERRE

POURQUOI LE MODELAGE ?

Travailler la terre, la lisser, la pétrir, la tordre, la transpercer, l'aplatir, la sentir, la goûter. Débusquer une part de régression, de sublimation nourrie par son inconscient. Ressentir une jouissance intense par le biais de son contact instinctif et émotionnel… et entendre la terre nous appeler encore et encore, inlassablement.

Quinze ans d'expérience à diriger des ateliers de modelage, soit en groupe soit en individuel, m'ont permis de comprendre l'importance du « lâcher-prise » qui permet à l'imaginaire de mettre en place des changements nécessaires pour se « ressourcer ».
C'est cette expérience qui me permet aujourd'hui de vous proposer un parcours en étapes, dont le but est de permettre à votre potentiel créatif de s'exprimer et que vous puissiez accéder consciemment à vos facultés inventives, imaginatives, intuitives, qui souvent ont été ignorées voire étouffées par le système éducatif et culturel.

L'objectif de ce parcours est aussi d'apprendre à voir différemment. Auguste Rodin nous dit : « Apprendre à devenir le confident de la nature, éveiller notre regard au langage merveilleux des formes. » En regardant, on apprend aussi à se reconnaitre et à favoriser le développement de l'expression et l'émergence de la créativité.

D'après le témoignage de nombreuses personnes ayant fréquenté l'atelier *Terres à vivre*, l'observation rend la vie plus riche puisque l'on voit mieux et différemment. On repère ses propres goûts.

Vous passerez continuellement du livre au cahier d'exercices. Le premier vous donnera les explications techniques et vous permettra de comprendre le processus à l'œuvre et de prendre du recul ; le second vous permettra d'expérimenter et, ce faisant, de progresser. Les exercices du cahier sont là pour vous donner des clefs qui vont vous permettre d'ouvrir la porte à de nouveaux horizons. Il va falloir vous libérer de vos peurs et de vos inhibitions et trouver des ressources dans votre propre cerveau. « Ainsi, les trésors secrètement recueillis dans votre cœur se réveilleront au travers de votre œuvre créatrice. » (Albrecht Dürer)

L'enseignement de la lecture, de l'écriture, n'est pas fait pour produire des écrivains, des poètes, mais plutôt pour cultiver la pensée ; il en est de même pour le modelage. On devient un individu, curieux, attentif, inventif, audacieux. On se précise, on se retrouve, on se re-connaît.

Ces exercices sont un *moteur* vers l'inconnu, ici, maintenant, pour célébrer la vie.
Et aussi un *soutien*, dans les moments difficiles de la vie, car le modelage joue le rôle de médium de la transformation intérieure et silencieuse, en révélant ce qui n'est pas encore visible.
Ces exercices se font dans la *simplicité*. Avec la poterie, c'est un contact direct avec le support. La main dialogue avec la matière première vers une découverte de soi. Les mains comme serveur du mental.

Pour quels bénéfices ? La pratique répétitive du modelage restaure par les apprentissages :

L'apprentissage du temps au ralenti.
L'apprentissage de l'être là, à chaque étape.
L'apprentissage d'une discipline, d'une technique.
L'apprentissage du recevoir, de la transformation et du partage.
L'apprentissage de l'émerveillement, de l'humilité et de la modestie.
L'apprentissage de l'unité intérieure, paisiblement là.

S'adonner au modelage, c'est aussi savoir accueillir sa production, son histoire et sa pré-histoire pour se ré-harmoniser.

S'approprier les objets, c'est les signer, et savoir qu'à travers eux c'est un peu de nous-mêmes que l'on dévoile. Autorisez-vous à vous émouvoir. Quant aux critiques, n'y faites pas attention. Cette réflexion peut amener aussi à réfléchir sur la place de l'autre dans sa propre vie.

Des questions vont refaire surface...

La terre permet-elle de recoller les morceaux d'une unité perdue ou multiplie-t-elle les doubles jusqu'à se perdre ?

La terre permet de développer un espace au cœur de notre intimité, parfois insuffisant lorsque l'entourage n'a pas pu, ou su, le laisser s'épanouir. Et cette communion enfin possible avec l'intime nous aide à cheminer vers la tranquillité. La terre, comme matrice maternelle, permet de se réapproprier son histoire.

COMMENT S'ORGANISER ?

Il faut commencer par se donner du temps en le sacralisant et en faisant respecter par votre entourage ce temps que vous vous accordez. Isolez-vous, éteignez votre portable, fermez la radio et le téléviseur. Mais vous pouvez écouter une musique en évitant les chansons à texte.

Engagez-vous à pratiquer le modelage d'une façon régulière (le rythme d'une à deux fois par semaine, de 1 à 3h). De cette régularité naîtra le plaisir, le désir, la satisfaction, la maîtrise des poussées instinctives et la matérialisation d'un projet.

La répétition dans l'acte amoureux n'est-elle pas celle qui entretient le désir ?

Il vous faudra mettre en place des rituels qui vous installeront dans un lieu sécurisant. Les règles imposées par la technique sont là pour soutenir l'apprentissage qui demande un effort de concentration, d'investissement pour s'approprier l'aventure. Tout un programme... qui s'organise en six étapes ; à chacune de ces étapes correspondent des exercices.

PREMIERE ETAPE

Vous allez partir à la découverte du matériau. Il s'agit de faire connaissance avec ses qualités et se donner envie d'en savoir plus.

Exercice n° 1 : Le goût de la Terre

Exercice n° 2 : Découverte de la plasticité

Exercice n° 3 : Devenir de l'empreinte

Exercice n° 4 : Découverte de la texture

DEUXIEME ETAPE

Vous allez vous approprier la technique du pincé qui permet d'acquérir une maîtrise du matériau.

Exercice n° 5 : Le pincé et l'informel

Exercice n° 6 : Le pincé et le formel

Exercice n° 7 : Faire confiance à ses mains

TROISIEME ETAPE

La technique va vous servir de support pour explorer votre créativité. Divers exercices sur le thème du bol vous permettront de tester l'équilibre, la stabilité, les changements de formes et de multiples procédés techniques pour habiter un contenant.

Exercices n° 8 à 16 : Évolution du « bol » : symbole des possibles

QUATRIEME ETAPE

Vous allez vous confronter aux émotions.

Exercices n° 17 et 18 : Voir

Exercice n° 19 : Se donner à voir

Exercice n° 20 : Dans la lumière ou l'obscurité

CINQUIEME ETAPE

Vous allez conjuguer les techniques vers une réalisation personnelle. Un acte créateur se met en place. Osez...

Exercice n° 21 : Conjuguons les techniques

Exercices n° 22 et 23 : À vous de jouer

SIXIEME ETAPE

À cette étape, un langage silencieux et régulier s'est mis en place, il vous a aidé à développer un imaginaire visuel jusqu'alors abstrait ou incompréhensible et qui peut ainsi s'incarner dans de futures réalisations.

Exercice n°24 : Le totem, objet symbolique

Exercice n°25 : Signer, c'est faire acte de paternité

À chacune de ces étapes et pour chaque exercice, munissez-vous d'un crayon, car passer de l'imaginaire au verbal complète le processus de mieux-être.

AVANT DE COMMENCER

« *Pas de créativité sans technique.* »

Pour cheminer à la découverte de votre créativité, cet ouvrage vous servira de guide. Dans un premier temps, réunissez le matériel nécessaire pour vous mettre en route.

L'INSTALLATION

Installez-vous dans un lieu bien éclairé, à proximité d'un point d'eau ; pour ne pas boucher la canalisation, prévoyez un récipient pour recueillir les résidus de la terre par décantation.

LE SUPPORT

Pour travailler, choisissez de préférence le matériel suivant :

• Un support en bois (produit naturel, comme la terre) ; une planche (type planche à découper) présente l'avantage d'absorber l'humidité sans attacher et d'être facile à nettoyer.

• Un tissu épais (type toile de transat) qui constitue un support souple.

• Une plaque de marbre qui elle non plus ne colle pas à la terre et ne la sèche pas.

• Une ardoise.

Vous pouvez créer un atelier portatif en achetant une planche de bois d'un centimètre d'épaisseur et de soixante à soixante-dix centimètres de longueur et de quarante à soixante centimètres de largeur que vous pourrez transporter facilement.

LES OUTILS

• Un fil à découper l'argile (style fil à beurre, fromage ou foie-gras). En son absence, confectionnez-le avec un fil de coton auquel vous aurez soin de fixer un bouchon de liège transpercé à chaque extrémité.

• Un rouleau à pâtisserie en bois pour étaler la terre.

• Des tasseaux qui serviront à former une plaque d'épaisseur régulière.

• Un brumisateur pour conserver l'humidité du travail en cours (type lave-vitre à recycler).

Fabriquer un fil à découper l'argile

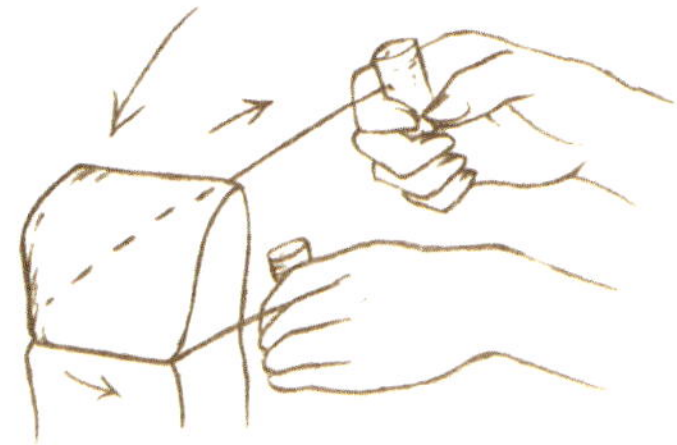

Obtenir une plaque d'épaisseur régulière

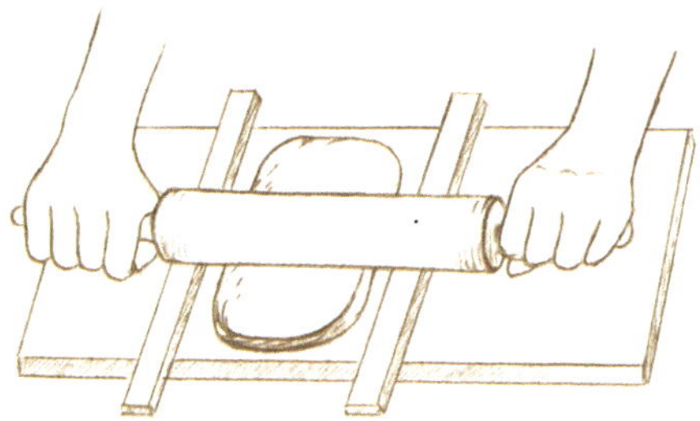

- Des sacs plastique (style pressing, de préférence transparents, pas de film alimentaire) pour envelopper le travail en cours et conserver son humidité.
- Une éponge avec grattoir d'un côté.
- Des cuillères et des spatules en bois petites et grandes pour tasser et évider.
- Un couteau de cuisine.
- Une brosse à dents pour guillocher.
- Trois pots de confiture vides avec couvercles pour la barbotine.
- Une règle plate.
- Du papier de verre pour poncer le travail sec (facultatif).
- Des pinceaux plats (pour lisser, décorer).
- Des pics à brochettes, bâtonnets (type support de glace).
- Des vieilles dentelles ou tout autre objet pouvant fournir une empreinte décorative (feuilles d'automne, boucle d'oreille, boutons).
- Un pot à confiture rempli de sable (type sable de plage ou de bac enfant).
- Deux passoires à thé.
- Un égouttoir.
- Un carnet pour noter vos idées, vos envies, vos joies au fil des exercices proposés (de préférence uni pour d'éventuels croquis).

Cette liste n'est pas exhaustive. Votre imagination vous apportera un lot d'idées supplémentaires afin de détourner toutes sortes d'objets...

« L'esprit fait la main, la main fait l'esprit.
Le geste qui ne crée pas, le geste sans lendemain
provoque et définit l'état de conscience. Le geste qui crée
exerce une action continue sur la vie intérieure.
La main arrache le toucher à sa passivité réceptive.
Elle organise pour l'expérience et pour l'action.
Elle apprend à l'homme à posséder l'étendue, le poids,
la densité, le nombre. Créant un univers inédit,
elle y laisse partout son empreinte. Elle se mesure
avec la matière qu'elle métamorphose, avec la forme
qu'elle transfigure. Éducatrice de l'homme,
elle le multiplie dans l'espace et dans le temps. »

Éloge de la main, Henri Focillon

LES MAINS

« L'instrument des instruments »
(Aristote)

De toutes les parties du corps humain, la main est la plus autonome. Aristote la compare à l'âme. Les mains sont exposées à notre regard et au regard des autres, comme notre visage. Elles expriment notre personnalité, un peu comme une signature. Avant d'être un outil, la main est un vecteur de communication. En Europe, l'usage est de se saluer avec une poignée de mains qui traduit un lien social.

Pour vous qui allez débuter cette activité de modelage, vos mains constitueront votre instrument essentiel. Malgré un sentiment de maladresse qui peut vous freiner, faites confiance à vos mains. Elles seront vos alliées si vous savez les écouter ! Au contact de la terre, vos mains vont découvrir un matériau vivant, rugueux, lisse, souple, humide. Un échange va s'opérer. Vos mains garderont la mémoire de ce contact qui vous aidera par la suite à identifier les différents types de terre que vous pourrez utiliser. Elles sauront explorer, agripper, serrer, empoigner pour mieux conjuguer le vivant.

Pour construire un projet de sculpture, vos mains s'associeront à vos yeux. L'œil et la pensée se combinent pour ordonner le geste volontaire qui finalise votre projet. La main, à travers la répétition, devient plus expérimentée et le geste plus précis, moins timide, plus sage, plus juste. C'est cette expérience renouvelée qui va nous amener à la mémoire et à la connaissance par l'action et la volonté. Cette mémoire liée à la sensorialité de vos doigts, vous pourrez la tester avec un exercice où vous devrez travailler les yeux fermés. Vous vous étonnerez de découvrir à quel point les terminaisons nerveuses de la pulpe digitale sont sensibles. L'aveugle voit avec ses mains, certains musées proposent un parcours spécifique pour handicapés visuels. C'est le cas du musée Belmondo à Boulogne-Billancourt où est offert la possibilité de rentrer en contact tactile avec l'œuvre exposée.

LA TERRE

L'argile, élément constitutif important de la croute terrestre, est produite par l'érosion. La silice et l'alumine entrent pour 75% dans la composition de la croûte et sont essentielles dans la composition de l'argile. Celle-ci est abondante à la surface de la terre. Elle a des propriétés différentes en fonction des sédiments qui la composent. Beaucoup de professions l'utilisent...

- Le peintre pour ses pigments ocres.
- Le teinturier pour absorber les tâches avec la terre de Sommières.
- Le verrier pour la silice.
- Le maçon pour le ciment, la chaux.
- Le drapier pour dégraisser.

• Le médecin avec les argiles médicinales, comme les smectictes, calment les muqueuses intestinales irritées.

• Et bien sûr, le potier céramiste.

En Sologne, je trouve dans mon jardin une argile, jaune et verte, qui devient rouge à la cuisson. Il existe encore des briqueteries artisanales dans cette région. Ces briques servent essentiellement à l'habitation. En fonction de la région où vous habitez, il se peut que vous ayez à portée de main de la terre à modeler.

Vous pouvez donc tenter de préparer vous-même cette pâte argileuse. Il vous suffit de creuser un peu à la recherche d'un morceau de glaise. Cassez la terre en tapant avec un morceau de bois pour obtenir des petits morceaux de trois à cinq centimètres, enveloppez-les dans un torchon afin de ne pas les éparpiller. Et laissez-les sécher à l'air libre.

Remplissez un seau d'eau (de pluie si possible) pour y introduire la terre sèche. Ne remuez pas avant le délitage complet. Ensuite, passez le tout dans un tamis (une grosse passoire à riz par exemple), et laissez reposer le plus longtemps possible (plusieurs jours). Puis retirez l'eau de la surface du récipient et mélangez.

La dernière étape consiste à mettre cette boue sur un support poreux (comme du plâtre) et à attendre que l'eau s'évapore. Lorsque l'on peut la mettre en boule, on conserve la terre en la mettant dans un sac plastique. Moins vous laisserez d'air entre la terre et le film plastique, moins la terre sèchera, et vous pourrez la garder des années avec ses propriétés.

On peut aussi aller chercher un « pain de terre » dans tous les magasins commercialisant des produits de loisirs. Ainsi que dans des magasins de professionnels tels que Céradel, Bœsner, Peter Laven, Solargil etc. Vous trouverez en général des conditionnements par 10 kilos. Pour débuter, je vous conseille une faïence claire qui vous permettra de mieux voir les reliefs.

En Asie, la terre est préparée pour les générations à venir, ainsi on utilise celle de nos ancêtres...sans oublier d'en prévoir pour les descendants.

LE FOUR

Pourquoi a-t-on besoin du feu ?
On pourrait envisager de laisser sécher les pièces au soleil ou de les cuire à faible température comme cela a été le cas dans les villes fondatrices de l'humanité sur les rives de l'Euphrate.
Les briques de terre mélangées à de la paille servaient à monter des murs (env. 8000 ans av J.-C.).

C'est fortuitement (env. 2000 ans av J.-C.) qu'a été découverte la nécessité de la cuisson à haute température afin d'obtenir un matériau

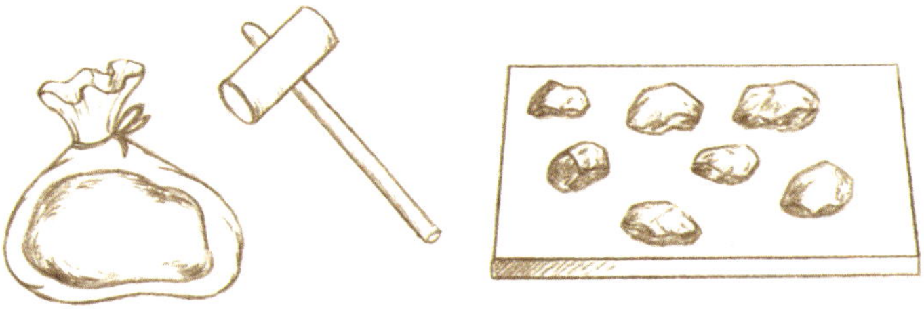

Préparer une pâte argileuse

solide qui ne se délite pas et résiste à l'humidité.
La cuisson a donc pour objectif de rendre votre travail éternel ! C'est pourquoi il vous sera nécessaire de réfléchir à ce que vous voulez conserver ou pas... Il existe des œuvres d'art ébauchées, non cuites, conservées précieusement à l'abri des chocs et de l'humidité. J'en connais une très belle sous cloche que vous pourrez admirer au Musée Rodin.
Le feu participe à la réalisation finale de l'œuvre. Sa température peut varier entre 900 et 1400°C selon les terres. Il pérennise le travail en solidifiant les matériaux. Il contribue aussi à développer des effets selon le mode de cuisson choisi.

CHOISIR SON MODE DE CUISSON

Une fois le modelage achevé, laissez sécher suffisamment longtemps en fonction de la taille de la pièce et de la température extérieure (froide, chaude, humide). On peut dire qu'une pièce est suffisamment sèche lorsqu'elle a perdu toute sa plasticité.
Plus aucune humidité ne doit persister. Une pièce non sèche à cœur risque d'exploser dans le four.
Il existe un appareil calculant le pourcentage d'humidité résiduelle, c'est l'hygromètre, mais très peu de potiers en sont équipés.
L'œil reste l'outil fiable par excellence.
Puis il va falloir cuire la terre.
Il existe sur le marché différents types de fours : électrique, à gaz ou à bois, de toutes dimensions et de toutes formes avec des modes d'enfournement, frontal ou vertical (comme une machine à laver).

FOUR ÉLECTRIQUE

Sûrement le plus cher mais le plus adapté en ville car le plus propre. Il fonctionne sans émission de gaz ou de fumée. Les résultats sont sans surprise pour l'émail. C'est le mode de cuisson le plus sûr.

FOUR À GAZ

L'atmosphère du four à gaz (et à bois) est une atmosphère qui peut être soit oxydante, soit réductrice. C'est-à-dire, la combustion du gaz consomme l'oxygène ambiant du four, donnant ainsi des effets complètement différents de ceux obtenus en four électrique.
Une bonne ventilation de la pièce est nécessaire pour éliminer le gaz brûlé.
Il y a de l'inattendu, c'est comme la quête du graal pour les potiers...
Il y a des surprises à l'ouverture du four.

FOUR À BOIS

Si vous avez de l'espace...
Si vous aimez l'aventure...
Si vous acceptez de passer du temps devant l'alandier...

Si vous êtes proche d'une région forestière : alors optez pour le four à bois. Historiquement, c'est le four de référence en Chine, au Japon, avec des modèles à capacités variables. Certains contenaient plusieurs chambres et la cuisson pouvait durer plusieurs jours.

OÙ CUIRE VOTRE PRODUCTION ?

Vous pourrez vous adresser à votre mairie pour connaître les associations ou les écoles qui possèdent un four. Il y a aussi le guide des céramistes à consulter. Il y en a sûrement un dans votre région qui pourra cuire votre travail si vous prenez bien soin de lui montrer l'étiquette qui indique les références de votre terre. Pour les petites sculptures, si vous possédez une cheminée, vous pouvez tenter de les cuire en les rapprochant doucement de la chaleur et en les enveloppant ensuite dans la cendre. Vous pouvez aussi les garder sans les cuire, mais à l'abri des chocs et de l'humidité.

Vous pouvez aussi enduire votre travail non cuit avec un vernis transparent épais qui le protégera un peu.

LE BAPTÊME
DE LA TERRE

« Apprivoiser la terre et, ce faisant, s'apprivoiser. »

Le travail du modelage implique la maîtrise des effets de la terre, de l'eau, de l'air et du feu : le modelage naît du mariage de ces quatre éléments.

LA TERRE

	PERMÉABLES	IMPERMÉABLES
TYPES DE TERRE	Faïence	Grès Porcelaine
Particularités	Ouvertes Gélives	Fermées Ingélives
Première cuisson Dégourdie/biscuit	Entre 900 °C et 1040 °C	Entre 900 °C et 1040 °C
Deuxième cuisson pour l'émaillage	Autour de 980 °C La deuxième cuisson est moins haute que la première pour le décor. La terre reste poreuse.	Entre 1200 et 1240 °C La deuxième cuisson est plus haute que la première. La terre n'est plus poreuse.
	Les deux restent poreuses après la première cuisson afin que l'émail puisse être absorbé par la paroi du dégourdi.	
Coefficient de rétraction	Le coefficient de rétraction peut varier de 6% à 20%	
Important	Sur la fiche identitaire, pensez à relever les températures de cuisson et les coefficients de rétraction.	

L'IDENTITÉ DE CHAQUE TERRE

Votre premier contact avec la terre consistera à en connaître les différents types. On peut classer les terres en fonction de leur perméabilité après cuisson. Les faïences à 1000°C et sans émail restent poreuses, on parle de « terres ouvertes ». Les grès et les porcelaines, au dessus de 1200°C, n'ont pas besoin d'émail pour être imperméables, on parle de « terres fermées ».

LE GOÛT DE LA TERRE

La première rencontre tactile est toujours importante, souvent magique. Le premier exercice du cahier va vous permettre de découvrir les propriétés de ce matériau : sa plasticité, sa porosité, sa texture... Il va falloir malaxer, pétrir, caresser, rouler, regarder, éprouver le matériau : est-il docile ? tendre ? plastique ? Laissez-vous porter par la musique de la découverte.
Sans autre outil que vos mains : osez !
Pour ce premier exercice comme pour les suivants, prenez le temps de lire les explications données dans le cahier, prenez le temps aussi d'éprouver, de sentir... C'est le début du chemin, et chaque pas est important.

DÉCOUVERTE DE LA PLASTICITÉ

En réalisant le second exercice du cahier, vous allez comprendre le terme de plasticité appliqué à la terre et observer attentivement les changements qui s'opèrent avec le matériau. Cette empreinte obtenue, particulière à chacun, dévoile du sens : l'énergie que nous avons mise à la transformation du matériau, nous guidera dans la découverte de notre « moi profond ». Quelle énergie, pour quelle transformation ?

Cette énergie, canalisée par la technique, fait surgir l'archaïsme, la sensualité, la révolte, l'expression qui pourra devenir créatrice.
Il s'agit là d'une mise en route fondamentale qui, comme un « pacte sacré », vous aidera à cheminer à travers vos émotions. Cette étape est

EXEMPLE DE CARTE D'IDENTITÉ D'UNE TERRE

Nom du fournisseur > **Céradel**
Référence > **CF341R**
Terre + couleur > **Faïence rouge**
Technique > **Tournage, modelage, estampage**
Température de cuisson > **1020 °C, 1100 °C**
Taux de rétraction > **Retrait 8 %**
Coefficient de dilatation > **73** (permet de connaître la dilatation pour un accord tesson/émail)

Faïence jaune chamottée crue
devient orangée à 980°
Grès blanc chamotté
devient rosé à 1280°
Faïence Sienne brûlée crue
devient ocre rouge à 980°
Porcelaine crue
cuite en oxydation, devient translucide à 1320°
Faïence verte ou chamottée crue
devient ocre brun à environ 1000°
Grès chamotté gris-noir lisse
devient rose-beige à 1267°

importante, symbolique, elle signe l'énergie et l'engagement dans le processus de découverte de la terre. Nous possédons tous une capacité créatrice qui ne demande qu'à s'exprimer.
N'oubliez pas de tout noter...noter, noter, en ordre et en désordre et à volonté !

DEVENIR DE L'EMPREINTE

Pour le troisième exercice, vous utiliserez l'empreinte obtenue dans l'exercice précédent. Partir d'une forme brute, née d'une pulsion primitive, prête à évoluer, pourra vous servir de base à l'émergence de formes plus élaborées, et vous évitera l'angoisse de la page blanche. La page blanche, c'est justement quand on ne sait pas encore ni quoi faire ni quoi dire ! Cette trace, c'est juste un prétexte pour aller plus loin sans l'appréhension du vide. Cette trace souvent au quotidien nous aide à avancer.

Notez, notez... trouvez des exemples dans votre vie quotidienne.

DÉCOUVERTE DE LA TEXTURE

La texture raconte la composition de la terre ainsi que la sensation tactile éprouvée à son contact. Et pour l'expérimenter, je vous invite à réaliser l'exercice n°4. Il a pour but de vous faire ressentir la « peau terre » avec toutes ses particularités, ses capacités, toutes ces terres résonnent en chacun différemment. Certains aimeront le contact rugueux, volontaire, d'autres non.

Il est très important de découvrir le comportement de la terre afin d'offrir à vos projets par la suite le matériau qui lui correspondra : on choisit plus volontiers une terre lisse pour la vaisselle, l'utilitaire, alors que la terre chamottée conviendra plutôt à la sculpture.

Comment conserver la plasticité de la terre ?

Pour conserver à une pièce toute sa plasticité, il faut l'envelopper dans un plastique avec le moins d'air possible. Si vous souhaitez lui retirer un peu de sa plasticité, laissez de l'air circuler entre la terre et le plastique. Il y a une étape où la terre n'est pas encore complètement sèche mais assez dure, état que l'on appelle « qualité cuir ». À cette étape, la terre se travaille différemment car elle a perdu sa souplesse, n'est pas encore sèche, mais elle accepte beaucoup de transformations sans déformation.

Qu'est-ce que la chamotte ?

La chamotte est une terre cuite concassée que l'on réintroduit dans la terre crue. On trouve dans le commerce des terres à chamotte impalpable, fine, moyenne, grosse... On parle aussi de densité de la chamotte.

La chamotte a pour qualité de donner du nerf à la terre ; les chamottes sont aussi autant de petits conduits qui aident les bulles d'air à s'échapper lors de la cuisson si par hasard, elles nous avaient échappées. Plus la terre contient de chamotte, plus elle peut subir des chocs thermiques. C'est pourquoi les terres chamottées sont très prisées par les potiers qui choisissent le raku comme mode de cuisson.

LA MÉMOIRE DE LA TERRE

On dit que la terre a de la mémoire car lorsque l'on déforme une pièce ou que l'on corrige un défaut de modelage ou de tournage, à la cuisson, elle aura tendance à revenir à sa forme primaire ! Ce phénomène, principalement observable avec la porcelaine, est bien évidemment à prendre en compte.

Le travail de la terre peut nous aider à faire ressurgir les désirs enfouis, travestis ; comme pour l'épreuve du four qui révèle les formes initiales de la porcelaine, le travail de la terre agira en nous comme un catalyseur de nos ambitions restées muettes.

Une révélation de nos désirs abandonnés.

« Par l'eau vient, par l'eau s'en va. »

proverbe belge

L'eau est indispensable au travail du potier. Elle apporte à la terre la plasticité qui permet de la rouler, de la tordre, de la plier, de l'étirer, de la presser.

L'EAU

LA TERRE ET L'EAU

Pour mieux comprendre l'action de l'eau sur la terre, voici une petite démonstration.
Prenons deux petites boules portant quelques traces de griffures. La boule A est humide (elle a été conservée dans du film plastique), la boule B a séché à l'air jusqu'au cœur. On place chaque boule dans une passoire pour la faire tremper dans l'eau. Observez le travail de l'eau : la boule A ne bouge pas alors que la boule B se désagrège.
On constate donc que la terre plastique se conserve dans l'eau tandis que la terre sèche se délite complètement.

De cette expérience, retenez que pour conserver votre pièce pour la retravailler, il faudra la mettre sous plastique ; une fois la terre sèche, il vous sera quasi impossible de la modifier.
Notez aussi qu'il ne faut pas mettre un travail achevé et sec en contact avec l'eau si on veut le conserver.
Si on récupère le contenu du pot en éliminant l'eau surnageant dans le pot n°2, on obtient de la barbotine.
Si on pousse la dilution jusqu'à la consistance pâte à « crêpe liquide », on obtient une substance qu'on appelle « engobe » et qui sert au décor.

Faire ses gammes en musique ne crée pas l'œuvre mais permet d'améliorer la technique. En réalisant certains des exercices proposés dans ce chapitre, vous produirez des œuvres qui ne sont pas destinées à être exposées. C'est pourquoi il n'est pas nécessaire de les conserver. Je propose donc de les rendre à la nature où elles subiront l'action de l'eau, de l'air, un retour symbolique à la « terre mère »... Une option moins onéreuse consiste à reconstituer la terre pour la réutiliser.

L'action de l'eau sur la terre

A

B

Qu'est-ce que la barbotine ?

Cette bouillie à consistance de fromage blanc permet de souder, de coller, deux parties de terre ensemble. Après avoir griffonné à l'aide d'une fourchette, d'une brosse à dents ou d'un peigne (guillocher en langage de potier), on passe de la barbotine sur les deux surfaces à assembler, à l'aide d'un pinceau plat ou des mains. Il faut exercer une pression suffisamment efficace (sur les deux parties à jointer) et en adéquation avec la taille du travail.

La barbotine doit se poser abondamment.

N.B : on peut utiliser du vinaigre blanc pour diluer la terre sèche, ses qualités acides en font une colle plus forte. Lorsque vous assemblez deux morceaux, la barbotine doit se faire avec la même terre pour être sûr de l'adhérence et de la couleur à la cuisson.

Qu'est-ce que l'engobe ?

Le mot engobe est français, il désigne un enduit terreux blanc ou coloré. L'engobe est composé de barbotine fine et homogène, il sert au décor par différents modes d'application : trempage, pinceau, doigt, à la poire, avec ou sans colorant naturel. Pour obtenir les mêmes résultats, il est conseillé de diluer la barbotine à la même densité.

Fabriquer de la barbotine et souder deux pièces

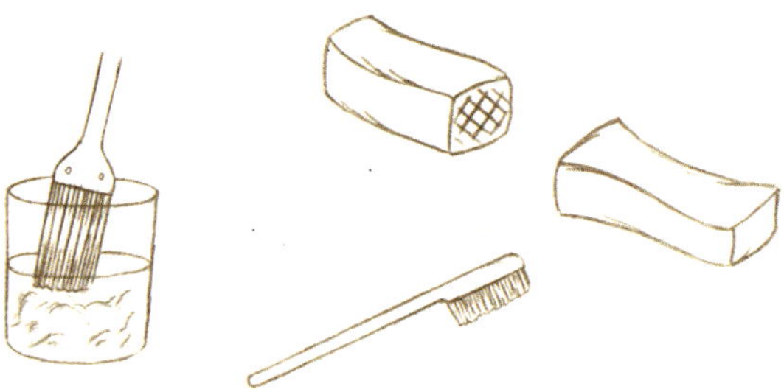

« J'épouserai le vent et les éléments. »

Françoise Hardy

L'air dispose d'une conductivité thermique (représentée par le symbole lambda) qui varie en fonction de la température et de l'humidité du matériau.

L'AIR

LA TERRE ET L'AIR

L'air permet de sécher la terre :
pour le potier,
pour la lingère,
et de sécher le ciment pour le maçon.

Grâce à l'air, associé à la chaleur du soleil, on aboutit au séchage des pièces ouvragées en modelage. Le séchage est responsable d'une rétraction, c'est-à-dire d'une diminution de la taille de l'objet par disparition de l'eau. C'est pourquoi il faut être très attentif à cette étape qui est primordiale.

En effet, en fonction des différents volumes sur une même pièce, le séchage doit être contrôlé. Sans ce contrôle, la pièce peut subir des cassures, des fissures, une désolidarisation des parties plus fines, telles que les bras, les doigts, les jambes, les anses, les becs...

Afin de réguler et maîtriser l'intensité du phénomène de dessiccation, il faudra recouvrir les parties fines de plastique que l'on retire petit à petit pour que la terre sèche en parfaite harmonie avec les parties les plus volumineuses. Cette rétraction continuera à s'opérer lors des cuissons successives. Elle pourra atteindre 20% de la taille initiale.

Dans la nature, on peut observer ce phénomène de dessiccation dénommé latérite (terme introduit en 1807 par Monsieur H. Buchanan et dérivé du latin *later* qui désigne une brique). Ce processus existe dans les zones tropicales avec forte chaleur ambiante et chutes d'eau faibles.

Pour mieux comprendre la faculté de rétraction de la terre au séchage, voici une petite démonstration. Prenons deux réglettes en terre crue de 10 cm de longueur sur 3 cm de largeur et 1 cm d'épaisseur, graduées de 1 à 10. On laisse sécher l'une et recouvre l'autre d'un sac plastique. Observons le résultat : quand la réglette numéro 1 est sèche, on constate une rétraction de X centimètres en fonction du type de terre. De cette expérience, retenez qu'une pièce après séchage est toujours plus petite et réduira encore à la cuisson. Si vous avez des exigences précises pour un projet, calculez la rétraction en fonction de la terre que vous allez utiliser. Notez que la rétraction est toujours beaucoup plus importante avec la porcelaine.

Réguler la dessiccation

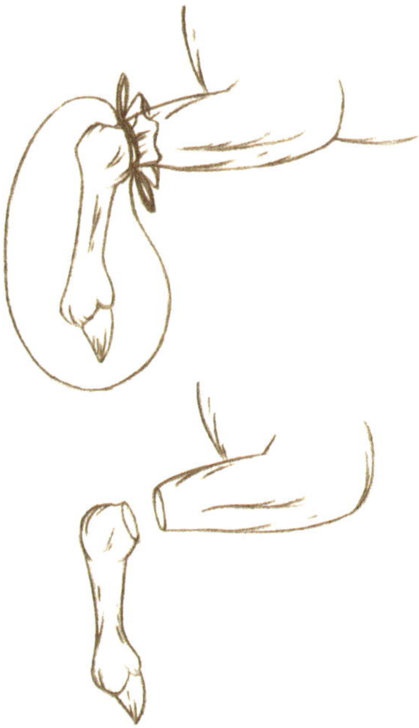

Observer la faculté de rétraction de la terre

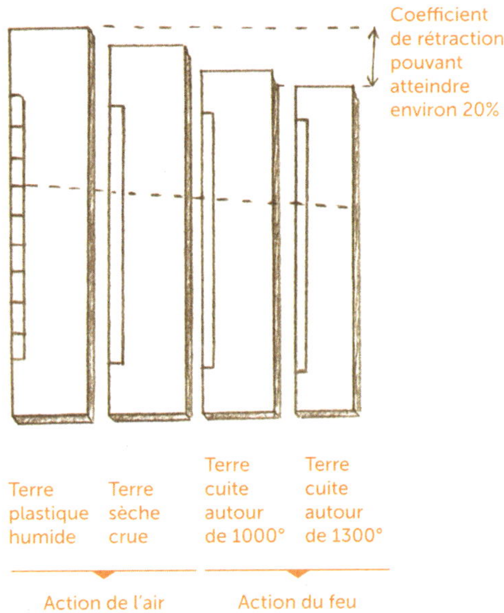

« Entre tous les arts, je n'en sais de plus aventureux, de plus incertains, et donc de plus nobles que les arts qui invoquent le feu. »

Paul Valéry

Le feu est l'étape décisive et magnifiante.

LE FEU

LA TERRE ET LE FEU

Magnifiante par l'apport décoratif des engobes, des émaux, etc. Les potiers parlent de « l'épreuve » du feu à cause des surprises, bonnes ou mauvaises, à l'ouverture du four.
Quel que soit le mode de cuisson choisi, la courbe de température reste fondamentale et sera calculée selon plusieurs facteurs. En général, les sculptures les plus épaisses sont cuites très lentement en introduisant des paliers dans la courbe. Surtout avant le point quartz (547°C), point à partir duquel la terre ne reprendra jamais ses propriétés initiales. Aussi, attention à ne cuire que ce qui mérite de l'être afin de ne pas polluer la planète inutilement du fait de l'émission de matières carbonifères et sulfureuses contenues dans les terres naturelles.

Dans l'élaboration du travail, le four est l'étape qui ne vous fera pas de cadeau. Toute bulle emprisonnée risquera d'exploser en cherchant à s'échapper et, ce faisant, détruira votre travail.
C'est pourquoi il vous faudra être très attentif à ne pas en laisser et malaxer la terre afin de chasser les bulles d'air.
L'explosion peut non seulement endommager votre travail mais aussi celui des autres ainsi que le four lui-même !
Une fois la température adéquate atteinte, ne jamais ouvrir le four avant qu'il ne soit refroidi. Là aussi vous risquez d'endommager vos pièces ainsi que le four (sauf dans la technique du raku qui justement joue avec les chocs thermiques).

Si vous ne jugez pas utile de cuire votre modelage, je vous invite à déposer votre œuvre dans la nature dans un endroit que vous aimez et laissez faire le vent, la pluie, le soleil pour rendre à la terre de façon symbolique votre « énergie créatrice éphémère ».

MODELER
LA TERRE

L'histoire du modelage accompagne celle de l'humanité. Elle reflète l'évolution des mœurs et les rituels des civilisations qui nous ont précédées, tant dans la vie religieuse que dans la vie domestique. Par la qualité des œuvres qu'elles nous ont transmises, elles nous livrent, comme dans un conte, les pensées et la technique de ces artistes/artisans. Certains des chefs-d'œuvre du Moyen-Orient et de la Méditerranée qui nous ont été transmis, n'ont jamais été surpassés.

Le modelage est un procédé d'élaboration des volumes, il est fondé sur l'ajout et/ou le retrait successif de matières contrairement à la taille sur bois, marbre pour lesquels on procède uniquement par retrait. Le modelage réalise un objet tridimensionnel qui pourrait constituer une tâche intimidante. Les exercices sont là pour vous aider à dépasser vos appréhensions...

Il va falloir oser la terre !

La conversation que nous allons vous proposer avec la terre s'accompagne, comme dans le chapitre précédent, d'exercices pratiques. Ainsi, soutenue par la technique, votre créativité pourra s'exprimer. Ces repères techniques n'ont pas la prétention de faire de vous des artistes professionnels, mais peut-être que par le biais de ces exercices ludiques, vous entamerez un tête-à-tête avec vous-même. La conversation silencieuse, qui va s'instaurer entre vous et la terre, mettra ainsi en lumière des moments de votre vie et vous fera découvrir un chemin personnel vers un épanouissement créatif.

Comme pour apprendre une langue nouvelle, il faut assimiler les bases élémentaires, à savoir les lettres, leur forme, leur son, les mots, les phrases, la grammaire, les discours, les livres. Et c'est dans cette dynamique d'apprentissage que nous allons aborder la technique qui vous servira de base à la réalisation de vos œuvres. La technique nous permet d'éviter la frustration du désir d'agir sur la matière. Si nous ne savons pas la traiter, la terre se rebellera et nous placera face à une limite infranchissable, ainsi on ne travaille pas contre la terre mais avec la terre. La connaissance technique repoussera donc nos limites et nous rendra plus conscient et maître de ce que nous produisons.

Maîtriser un langage, c'est parler sans effort. Maîtriser la technique du modelage, c'est s'approcher de la spontanéité qui accompagne la créativité. Osez avec moi entrer dans cette aventure. Votre imaginaire est illimité, nous allons le réveiller !

« On ne peut pas aller de l'informel au formel par des moyens formels. »

Alan Gay Perlis

DE L'INFORMEL AU FORMEL

LE PINCÉ ET L'INFORMEL

Personne ne part de la « tabula rasa », chacun porte en soi un trésor culturel qui lui sert d'étayage.

Il ne s'agit pas de savoir qui est le plus fort ou le plus faible, de vous ou de la terre. La terre nous donnera beaucoup si on sait prendre le temps de l'écouter et de ne pas être dans un rapport de dualité. Cet aller/retour entre soi et l'argile peut être un bouleversement.

L'informel signe le degré de liberté que l'on s'accorde. À travers le modelage, l'informel laissera libre cours à l'imprévu. Vos mains, votre esprit et votre émotivité seront les acteurs de votre expression artistique. C'est donc décontracté mais concentré que nous allons aborder l'exercice n°5. Quelques consignes techniques seront quand même à respecter, l'informel ne concernant que la morphologie des pièces.
Pour démarrer ce travail de modelage, c'est la méthode du pincé que nous allons étudier. À la fois simple et ancienne, on la retrouve chez les peuples étrusques qui vivaient dans le centre de la péninsule italienne entre le VIIIe et le Ier siècle avant Jésus-Christ. Le pincé va nous permettre de réaliser des pièces variées. Un mouvement lent et répétitif va vous permettre de creuser. Ce mouvement constitue au ralenti celui du tourneur qui, après avoir centré sa boule va la percer, puis en remonter les bords à l'aide de la force centrifuge. Souvent 3 minutes suffisent...et 30 ans d'expérience pour l'harmonie.

Les maîtres asiatiques avaient pour coutume de commencer leur journée en façonnant un bol. Ce modelage du bol était une discipline, qui, comme une prière, les installait dans « l'ici et maintenant ». Comme eux, cherchez la concentration, laissez-vous porter à sentir l'épaisseur de la terre.

Ce geste vous permet de renouer avec les traditions millénaires et vous aide à regarder différemment les objets que l'on peut admirer aujourd'hui dans les musées archéologiques. Cette observation ira sûrement de pair avec le sentiment d'un lien émotionnel, comme un pont entre passé et présent.

LE PINCÉ ET LE FORMEL

À la différence de l'informel, abordé précédemment, la volonté va remplacer l'imprévu dans l'exercice n°6. Cette fois, c'est vous qui décidez ! Dans la dialectique du dur et du mou, qualificatifs rattachés à la résistance de la matière, Bachelard écrit « la terre est tout de suite le partenaire objectif et franc de notre volonté ».

Ce sentiment heureux de maîtrise de la matière va de pair avec la confiance en soi. Et c'est cette confiance qui vous permettra par la suite d'élaborer des projets plus ambitieux.

FAIRE CONFIANCE À SES MAINS

Acceptez de ne pas voir pour mieux vous concentrer. Soyez dans l'ici et maintenant. L'exercice n° 7 vous y aidera, il est une invitation à l'intériorité. La pulpe du bout des doigts est comme une ramification oculaire. En effet, les neurones tactiles ne font pas que transmettre l'information au cerveau, ils analysent ce que nous touchons. Ecoutez-vous et faites-vous confiance. Les yeux ne sont rien sans le cerveau qui, lui, donne forme aux informations.

Notez à chaque fois vos impressions, vos frustrations et accueillez avec humilité ce qu'il advient. Prendre conscience de tous ces mouvements intérieurs, être à l'écoute de ses émotions aide à être maître de ses réalisations/productions : ce mécanisme de pensée induit par le modelage peut avoir une incidence sur la façon d'aborder la vie... en général. Renouveler l'expérience de l'exercice n°7 permet d'approfondir le lien entre cerveau et main. Comme un travail analytique qui emporte au-delà de « l'exprimable », dans la connaissance de soi ; à travers un mouvement intérieur reliant nos « moi » à un savoir-faire.

ÉVOLUTION DU « BOL » : SYMBOLE DES POSSIBLES

Et si on enchantait les bols ?

En fabriquant des pieds pour les ancrer dans notre réalité. En fabriquant des anses pour les porter plus volontiers. En les assemblant entre eux : l'un sur l'autre, l'un contre l'autre... Les exercices n° 8 à 16 tournent tous autour du bol. Un bol... Pourquoi déployer une telle énergie autour d'un récipient si ordinaire ? En fait, pas si ordinaire que ça le petit pot ! Il est déjà un témoin, un contenant, en contact charnel avec nos mains. Comme un calice, il porte vos messages, par sa forme, son volume, son décor et plus encore par son histoire, il raconte l'imaginaire qui l'a fait naître.

Prenez le temps d'explorer les différentes possibilités, soyez là, à l'écoute, sans esprit de rendement, ou de production. Juste dans le ressenti et vos idées viendront vous surprendre. Selon l'inflexion de vos doigts, vous obtiendrez des récipients plus ou moins évasés, ronds ou coniques, etc. À chacun sa forme de prédilection : réfléchissez au contact du bol fini entre vos mains pour lui donner une forme en harmonie avec vos gestes quotidiens. Ces quelques exemples vous donnent un aperçu des possibilités. Il en existe tant d'autres...

À chacun sa forme de prédilection

Pour donner forme à vos bols, vous pouvez vous aider de matrices que vous fabriquerez ou d'objets divers dont vous détournerez la fonction : cuillères en bois, spatules ou gros cartons... Inventez !

Comment changer la forme d'un pot ? Comment arrondir des angles ou les vivifier ? En évitant d'être impatient : la réussite de la transformation ne passe pas par la vitesse de réalisation mais plutôt par étapes successives. Vos gestes trahissent votre engagement dans le processus de changement. Sachez œuvrer en douceur... et en subtilité.

La terre, comme nous l'avons expérimenté dans le chapitre précédent, est un matériau vivant, plastique et tolérant que l'on va pouvoir modifier. Comme s'il s'agissait de nous-même et de la redécouverte de nos capacités, rendue possible grâce à un travail lent, régulier et concentré, impliquant des mouvements doux et successifs.
Le projet étant, à travers ce travail, de trouver un équilibre, une harmonie, vers une esthétique qui correspond à notre personnalité.
Il existe d'autres façons de procéder. Par évidement, d'abord : il s'agit de fabriquer une forme et de la vider ensuite. Cette technique constitue l'anticipation du travail du sculpteur lorsqu'il doit creuser ses pièces pour les préparer à la cuisson. La technique du colombin, elle, est aussi universelle que celle du pincé et pratiquée depuis des millénaires par toutes les civilisations primitives avant que le tour du potier ne fasse son apparition. Il s'agit d'un empilage de serpentins d'argile soudés les uns aux autres à l'aide de barbotine. Quant au travail à la plaque, il peut se faire à la façon des couturières, avec des patrons incluant des pincés, des ourlets, des volants etc.
Avec cette technique, vous pouvez réaliser des pièces de grande taille.

Il vous reste encore beaucoup à expérimenter. Lorsque la terre n'est pas encore sèche, on parle de « qualité cuir ». À ce stade, tout est possible : découpe, ajout ou incrustation. Ainsi, j'ai redonné vie à de vieilles dentelles de ma grand-mère en les incrustant aux creux d'assiettes ; ces objets constituent un lien affectif entre passé et présent. On peut aussi agrémenter les pièces par des écritures (des poèmes) : la terre devient alors le messager de nos états d'âme.

Comment conserver la forme au séchage ?

Pour maintenir la forme désirée au séchage, posez un papier journal humide sur le col du récipient. En enfermant l'air, on permet à la pièce de sécher tout en évitant la déformation de l'ouverture.

Les matrices

Comment conserver la forme au séchage

« Le véritable voyage de découverte ne consiste pas à chercher de nouveaux paysages mais à avoir de nouveaux yeux »

Marcel Proust

VOIR ET SE DONNER À VOIR

L'ÉMOTION

Les émotions qui nous accompagnent dans la vie sont, d'après Charles Darwin, innées, universelles et communicatives. En effet, elles ne dépendent ni de l'origine, ni de la culture. René Descartes, dans son traité Les passions de l'âme, en dénombre six. L'admiration, l'amour, la haine, la joie, le désir et la tristesse. Les autres n'étant que des dérivés de ces bases, des imbrications des unes dans les autres.
Les manifestations physiques en sont variées : les larmes, le rire, modification du rythme cardiaque, bouche sèche, poils hérissés, rougeur, pâleur du visage, etc. Les émotions primaires font partie du caractère et de la personnalité de chacun en interaction avec les autres. C'est au niveau de l'hippocampe que se situe le traitement des émotions.
La peur, la colère, le dégoût, la tristesse, la joie, le désir, la surprise, le plaisir…
L'émotion est donc une réaction psychologique et physique à une situation qui amène une manifestation interne avant de générer une expression extérieure. Elle est à différencier de la sensation qui, elle, est uniquement physique (chaud, froid, douleur).
Tentons de retrouver ce que notre éducation, nos aliénations ont étouffé et érigé comme barrière entre nous et nos émotions. Afin de ne rien dévoiler de soi, d'être dans le contrôle, nous avons abandonné nos intuitions enfantines.
Comme un comédien qui passe sa vie professionnelle à recréer des émotions à travers les personnages qu'il incarne, partez à la recherche de vos émotions par l'intermédiaire de la terre.

VOIR

Pour chercher en vous des émotions et les traduire sur un morceau de terre, le thème du visage s'impose naturellement. Le visage est en effet le siège privilégié de la manifestation émotionnelle. Modeler des figurines, des visages, interpréter des signes et se surprendre, peut-être jusqu'à se dérouter ? Il ne s'agit pas dans l'exercice n°17 de jouer la comédie mais de vous inciter à « injecter » une émotion réelle dans la terre pour la rendre visible.
Vous allez donner forme à vos émotions. Renouez avec la dimension inconsciente de votre pensée en cheminant vers vos émotions.
Pour illustrer ce propos, n'hésitez pas à consulter les ouvrages concernant le sculpteur allemand Franz Xaver Messerschmidt (1736-1783) qui a étudié à travers une cinquantaine de « têtes de caractère » les différentes expressions de l'émotion.
L'homme qui pleure comme un enfant.
L'homme renfrogné.
L'homme de mauvaise humeur.
Prendre du recul, varier les points de vue... Ce travail est au cœur de l'interrogation de la troisième dimension. Comment voit-on l'invisible lorsque notre angle d'approche le voile ? Prendre le temps d'observer est une invitation à se reconnecter à son mouvement intérieur, à son intuition, à sa créativité.

SE DONNER À VOIR

L'œil, ouverture sur l'âme... Vient un moment où l'on a envie de montrer son travail. Tout en redoutant le regard d'autrui. L'exercice n°19 a vocation à vous aider dans ce processus. Pour dévoiler votre travail, acceptez de ne pas être en phase avec les autres. Une œuvre donnée à voir possède une vie autonome, elle ne nous appartient plus et peut dépasser nos intentions initiales. La créativité est un réel travail sur soi. Soyez humble... c'est cette humilité qui va vous permettre d'accepter le regard d'autrui. Donner à voir votre travail va vous aider dans la vie, au quotidien, à justement percevoir que chacun exprime ses émotions à sa manière, en fonction de sa propre histoire. Accueillons les émotions pour ce qu'elles sont : un bon vecteur de communication.

DANS LA LUMIÈRE OU L'OBSCURITÉ

Selon l'indice des rayons lumineux, l'éclairage donne des significations différentes à un même objet. Une lumière forte annule les détails, une lumière faible les augmente. Vous en ferez l'expérience dans l'exercice n°20. De même dans la vie, chacun bénéficie de son propre éclairage variant selon sa culture, ses désirs, ses joies, ses deuils etc. Accepter ces différences pour mieux accueillir son travail et celui des autres.

« Il y a dans l'aurore du talent quelque chose de naïf et de hardi à la fois, qui rappelle les grâces de l'enfance et aussi son heureuse insouciance des conventions qui régissent les hommes faits. »

Eugène Delacroix

VERS UNE RÉALISATION PERSONNELLE

CONJUGUONS LES TECHNIQUES

Les exercices précédents vous ayant donné des notions suffisantes en sculpture, vous allez dans un premier temps, en vous inspirant de l'exercice n°21, observer le modèle : afin d'en décrypter les différentes parties à exécuter et d'en établir le prototype.

C'est par ce travail initial de dessin et/ou de maquette à échelle réduite que vous explorerez les difficultés techniques et les caractéristiques de la pièce en vue de sa construction ultérieure.

Comment fabriquer un prototype ?

Le travail du prototype est incontournable : loin d'être une perte de temps, il permet de réfléchir, de mettre à jour et de solutionner les difficultés. Il est aussi porteur du premier jet qui contient une pureté émotionnelle qui a tendance à s'échapper lorsque l'on travaille trop une pièce. Il ne faudra pas hésiter à s'en ré-inspirer. Dans une sculpture, tout ne peut être dit, je sélectionne, comme dans la vie, je choisis, la réflexion précède l'action.

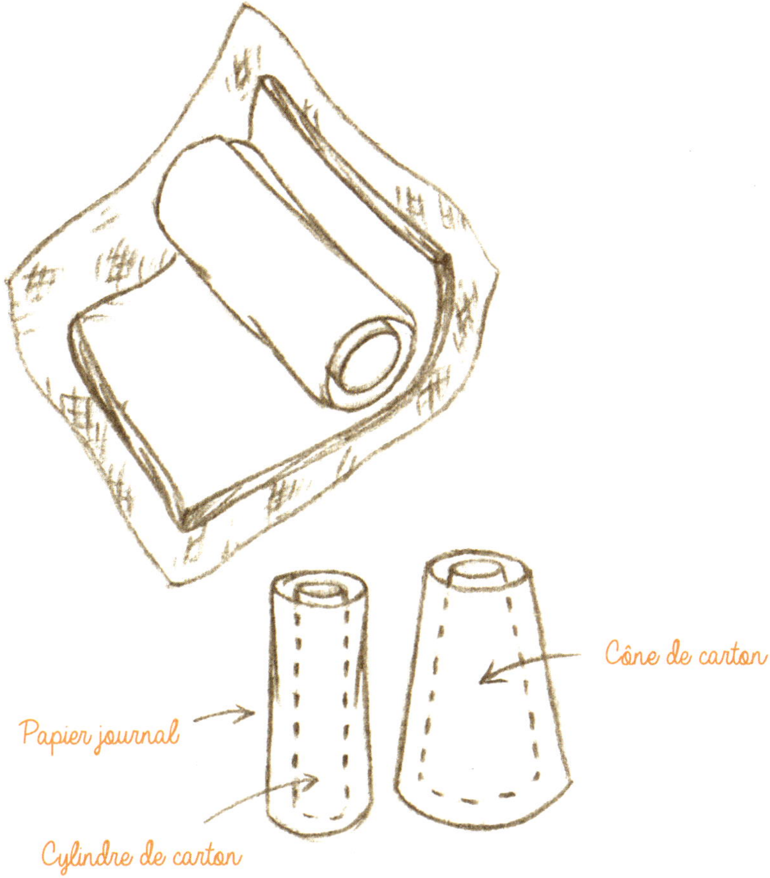

Pour fabriquer un cylindre, on place la plaque de terre sur un support souple (de la toile robuste type toile de transat) et on l'enroule sur un cylindre de carton lui-même recouvert de papier journal. Le fourreau de papier doit être plus large que le cylindre de carton afin de ménager un vide entre les deux. Ce vide permettra à la terre de se rétracter sans coller au support. On procède de même pour obtenir un cône.

SORTIR : POUR UN TEMPS DE RESPIRATION

Je me laisse réveiller par la beauté extérieure, je vais à la source de l'art pour m'abreuver.

Mettez un pied à l'extérieur pour mettre en pratique « voir et donner à voir ». Et si vous décidiez de vous promener dans votre ville en touriste ? Si vous regardiez les choses comme un étranger, comme pour la première fois ? Il y a tant à découvrir quand on observe avec un œil neuf et curieux. Vous pouvez aussi aller au musée et vous attarder sur une œuvre... une seulement.

Essayez d'éviter les heures d'affluence. Essayez de ne pas vous surcharger de notices explicatives et d'audio-guides. Essayez de rester à l'écoute de vos émotions, l'œuvre par elle-même vous révélera peut-être des manques, des souhaits.

Surtout, ne vous inquiétez pas si le sens semble vous échapper.

Vous êtes là pour RESSENTIR, ne l'oubliez pas. Et de ce ressenti naîtra du bien-être par ce qu'il vous révélera de vous. L'observation attentive d'une œuvre, d'un tableau, d'une sculpture, se rapproche de la méditation avec le visuel comme point d'ancrage. Ces moments de calme vont stimuler votre esprit et votre imagination afin d'y trouver les racines de vos inspirations.

Déconnectez-vous en débranchant votre téléphone. Soyez indisponible aux autres et présent à vous-même, même si cela vous demande de gros efforts. C'est dans la déconnection que vous allez pouvoir vous surprendre.
Et toujours, notez vos découvertes, les vides, les blancs, les pleins... Et pourquoi ne pas s'essayer à la forme Haïku ? Cette forme de poésie de tradition japonaise a pour objectif de célébrer l'instant présent.

À VOUS DE JOUER : OSEZ !

Les exercices suivants vous aideront à mettre en place vos idées. Autorisez-vous la répétition et faites-vous plaisir. Cherchez de l'inspiration dans le monde qui vous entoure, dans les journaux, les revues, les magazines... afin de débusquer le petit rien qui va enflammer votre imaginaire.

Dès lors, vous allez entreprendre une sculpture.
Osez l'originalité.
Répétez-vous.

En effet, la répétition enrichit la dextérité, augmente la liberté d'exécution et laisse introduire l'inattendu. La répétition favorise le surgissement du hasard. Loin de nous enfermer, la répétition donne du style à la production, comme une écriture.

LE TOTEM, OBJET SYMBOLIQUE

C'est précisément maintenant que l'aventure personnelle commence. Vous avez appris à donner forme à la matière, donnez maintenant forme à vos idées selon les indications données dans l'exercice n°24. Vous savez où trouver vos sources d'inspiration, il vous reste à faire des liens avec vos désirs. L'écriture, le dessin, sont là pour aider l'émergence de votre créativité.

Et puis, si aucune vague d'inspiration ne vient vous effleurer, lancez-vous en pensant à la technique que vous voulez privilégier, en faisant évoluer des formes afin de faire surgir l'inattendu et l'accueillir.

Surprenez-vous et travaillez.

Pourquoi le choix du totem ? Dans les cultures amérindiennes, il constitue un fétiche, un porte-bonheur. Il se caractérise par la liberté d'inspiration ; votre totem constituera l'emblème de votre engagement artistique. Il vous rappellera les origines de votre mise en route sur les chemins de la créativité.

SIGNER, C'EST FAIRE ACTE DE PATERNITÉ

Le dernier exercice qui vous est proposé est riche de symboles. Signer, c'est se reconnaître comme l'auteur d'un objet.

Signer, c'est s'exposer.

Dater, c'est la possibilité de se repérer dans le temps et d'observer l'évolution de nos travaux.

Enfin, **signer,** c'est surtout **s'accepter.**

« *Art is a guaranty of sanity.* »

Louise Bourgeois

LE MODELAGE COMME UN MASSAGE ACTIF

Le modelage tel que vous l'avez expérimenté avec cet ouvrage s'apparente à un massage actif des émotions ; il est un garant de la santé psychique. Les techniques abordées ici facilitent le surgissement dans l'inconscient du réveil créatif.

Par le bais des exercices, vous avez pu vous approprier des moyens techniques qui vous donnent à présent toute liberté pour laisser votre imaginaire s'exprimer et être heureux de cette évasion.

Ce réveil créatif doit vous amener à une observation différente du monde, une stimulation de votre curiosité, un intérêt pour le monde artistique d'hier et d'aujourd'hui.

« Si l'expression soulage, la création transforme. » (J. P. Klein)

Après l'hésitation, la timidité, la maladresse du démarrage, vous avez découvert de nouveaux gestes et les avez expérimentés progressivement. Peu à peu, vous éprouverez des sensations tactiles qui deviendront plus subtiles, plus élaborées, plus personnelles.

Ainsi la terre nous offre une pâte idéale, qui, en naviguant entre résistance et souplesse, nous aide à entrevoir une infinité de possibles, une pluralité à l'infini.

Malgré la peur du lâcher-prise, les bienfaits du modelage ouvrent à une connaissance et à une expérience qui sont nouvelles et nous portent vers d'autres possibles... afin d'être plus en harmonie avec nous-mêmes, les autres et le monde, comme le dit Winnicott.

Vous voici placé sur une orbite créatrice ; ce livre aura atteint son objectif s'il vous a donné l'élan nécessaire pour continuer l'aventure et s'il vous a fait prendre conscience que le travail artistique est l'engagement d'une vie : faire, défaire, refaire, inlassablement et, surtout, y trouver du plaisir. Il y a de la magie à être créatif et à s'en nourrir au quotidien.

Quand vous aurez osé la terre, la créativité, l'inconscient et l'émotionnel avec les exercices de ce livre,

Quand vous aurez trouvé les freins qui inhibaient votre créativité et votre manque de spontanéité,

Quand vous serez à l'écoute de vous et de vos désirs,

Quand vous aurez renoué avec vos émotions,

Quand vous aurez réglé vos conflits intérieurs qui souvent mettent en opposition le vécu et les aspirations profondes,

Quand vous laisserez la créativité habiter votre vie en abolissant les frontières où se heurte l'imaginaire,

Alors vous serez en chemin pour une acceptation de soi et vous oserez marcher sur la terre en accord avec le rythme de vos pas. Vous oserez aussi changer d'itinéraire pour vous réaccorder, et cette réassurance fera de vous quelqu'un de serein.

GALERIE

« Il y a toujours quelque chose d'absent qui me tourmente. » (Camille Claudel)

BIBLIOGRAPHIE

CAMERON Julia, *Libérez votre créativité*, Paris, J'ai lu, 2007.

COSENTINO Peter, *L'Encyclopédie de la poterie*, Paris, Fleurus, 1991.

GANIN Barbara et **FOX Susan**, *Visual Journaling*, Wheaton, Quest books, 1999.

GIREL Jean, *La Sagesse du potier*, Paris, L'œil neuf, 2004.

JACCOTET Philippe, *Le Bol du pèlerin (Morandi)*, Genève, La Dogana, 2001.

KLEIN Jean-Pierre, *L'Art-thérapie*, Paris, Presses Universitaires de France, 2017.

LEACH Bernard, *Le Livre du potier*, Vendin-le-Vieil, Éditions de la Revue de la céramique et du verre, 2003.

MATTISON Steve, *Le Manuel du potier*, Vendin-le-Vieil, Éditions de la Revue de la céramique et du verre, 2009.

De MONTMOLLIN Daniel, frère de Taizé, GAMBS-LAUTIER Marie-Hélène et **MEYER Jean-Claude**, *Éloge de l'empreinte*, Vendin-le-Vieil, Éditions de la Revue de la céramique et du verre, 1999.

De MONTMOLLIN Daniel, *Le Chapeau du Diable*, Lons-le-Saulnier, Centre jurassien du patrimoine, 1996.

PLOWMAN John, *L'Art de la sculpture*, Paris, Bibliothèque de l'image, 1996.

WINNICOTT Donald Woods, *Jeu et réalité*, Paris, Gallimard, 2002.

Crédits photographiques

Pages 4, 10, 22, 24, 57, 59, 65, 68, 69, 70 © Caroline Richard
Page 34 © Bertrand Runtz
Pages 15, 18, 29, 30, 37, 41, 45, 46, 66, 71, 72, 73, 74, 75
collection personnelle de l'auteur
Couverture © Istockphoto.com
Toutes les œuvres reproduites dans cet ouvrage sont
les créations d'Anne Pinot-Gaufroy.

Cahier d'exercices

Découpez un morceau de terre de la taille d'un citron avec le fil que vous vous êtes confectionné.

Malaxez, pétrissez…

Enfoncez vos doigts pour en modifier l'aspect, pour le plaisir, dans l'informel. Observez l'échange qui s'opère entre vous et la terre.

Laissez la forme évoluer sous votre pulsion/inspiration instinctive.

Exercice 1

LE GOÛT DE LA TERRE

Ce premier contact a pour but de vous mettre en relation directe avec le matériau. Ne soyez pas timide, plongez vos mains pour sentir la souplesse, l'humidité, la docilité. La terre s'offre à vous... Prenez le temps nécessaire à sa découverte. Est-ce une belle rencontre ? Notez les sensations éprouvées, la sensualité du toucher, les appréhensions... et tous les possibles qui traversent votre esprit ; vous êtes en route. La rencontre a eu lieu, elle est décisive. Avez-vous des inquiétudes face à vos capacités ? Face à la lourdeur du matériau ? La terre vous a-t-elle apaisé ? Avez-vous flâné dans vos pensées ?

NOTES

Éponge humide

Morceau de terre

L'éponge reprend sa forme initiale :
elle est élastique.

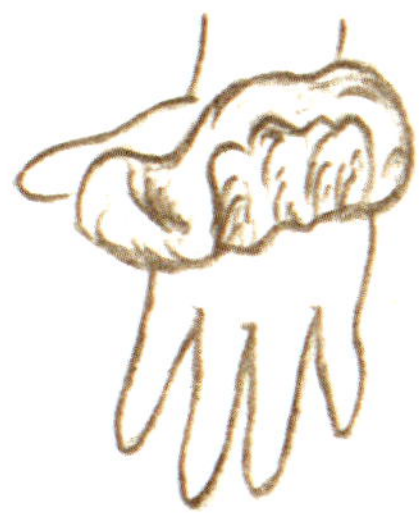

La terre garde l'empreinte de la paume :
elle est plastique.

Exercice 2

DÉCOUVERTE DE LA PLASTICITÉ

Installez-vous confortablement puis prenez dans votre main gauche un morceau de terre de la taille d'un citron et dans l'autre prenez une éponge.
Soyez en contact direct avec vos sensations et exercez une pression progressive dans chacune de vos mains, n'essayez pas d'aller trop vite.
Laissez aller tranquillement cette force... plusieurs minutes...
Associez vos pensées à votre énergie puis rouvrez lentement vos mains, comme lorsque l'on abandonne quelque chose qui va nous échapper.
L'éponge, au fur et à mesure que vous avez déployé vos doigts, a suivi cette progression pour finalement retrouver sa forme initiale. On dit qu'elle est **élastique**. La terre, elle, dans l'autre main, a gardé l'empreinte de votre paume. On dit qu'elle est **plastique**.
Cette étape est importante, car elle vous fait découvrir une manière de modifier la forme.

NOTES

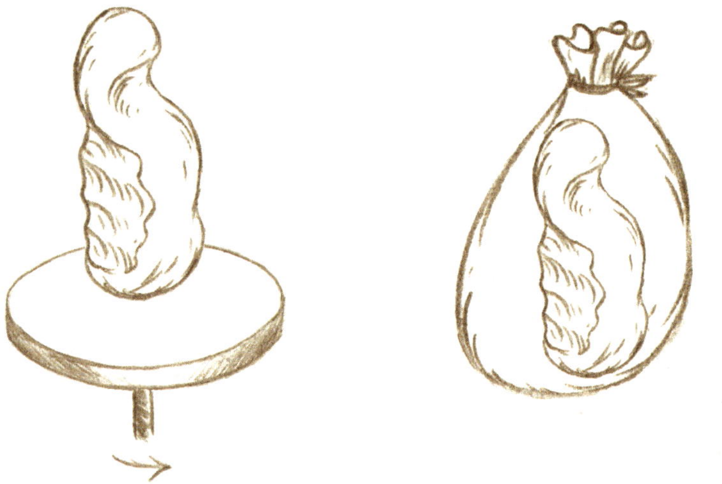

Installez l'empreinte sur un morceau de papier ou, mieux, sur un plateau tournant afin de la faire pivoter à 360°C.

Exercice 3

DEVENIR DE L'EMPREINTE

Il s'agit d'observer l'empreinte obtenue dans l'exercice précédent. Prenez le temps d'explorer la surface, promenez vos doigts, et laissez surgir vos impressions. Laissez vos pensées s'envoler vers d'autres univers. Rêvez, imaginez que vous faites évoluer cette forme.

En attendant d'être plus avancé dans la technique, je vous conseille de conserver cette empreinte qu'il vous faudra envelopper dans un film plastique pour lui garder ses propriétés et la reprendre ultérieurement.

NOTES

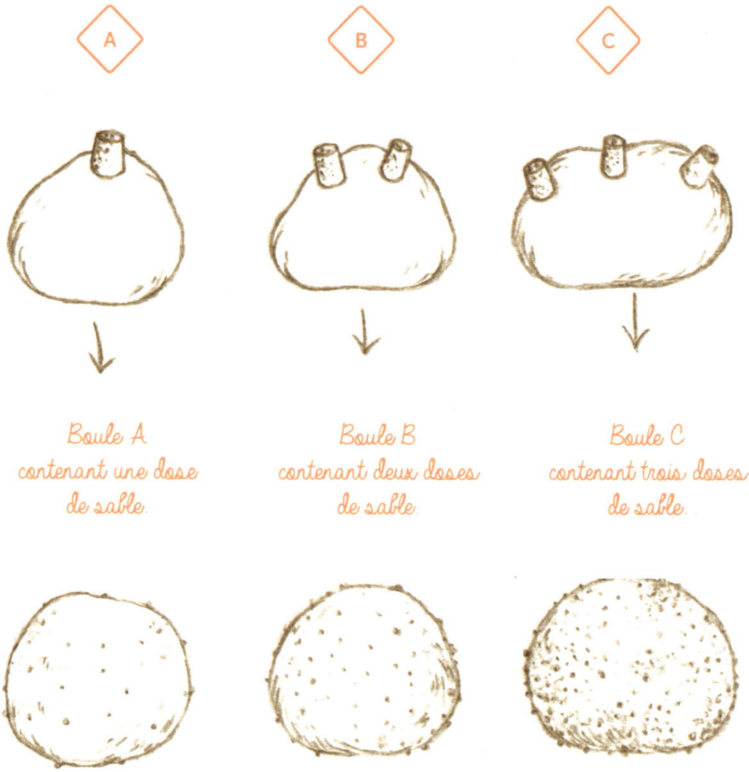

Plus la dose de sable est importante, plus la terre est chamottée.

Exercice 4

DÉCOUVERTE DE LA TEXTURE

Découpez trois petits citrons de terre. Dans la boule A, introduisez un dé à coudre de sable. Dans la boule B, deux dés à coudre de sable. Et dans la boule C, trois dés à coudre de sable. Malaxez, tordez, mouillez un peu la terre à l'aide d'un brumisateur si vous sentez qu'elle perd sa plasticité. Essayez de répartir le sable de façon homogène dans chacune des boules puis posez-les alternativement.

Comme dans l'exercice n°1, plongez vos mains dedans.
Comment réagissez-vous à ce contact ? Est-ce une sensation nouvelle, agréable ? Avec laquelle des trois boules êtes-vous le plus à l'aise ? Comment se comporte la terre avec plus ou moins de sable ? Est-ce que la terre sèche plus vite au contact de vos mains ? Est-ce qu'elle se travaille plus facilement ? Garde-t-elle la forme ?

NOTES

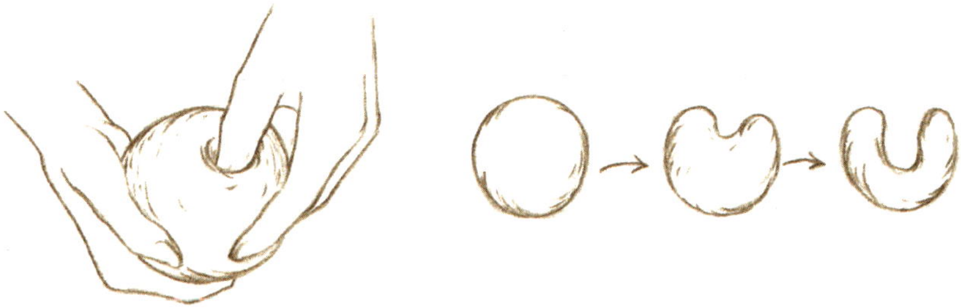

Enfoncez le pouce de haut en bas, par pressions successives.

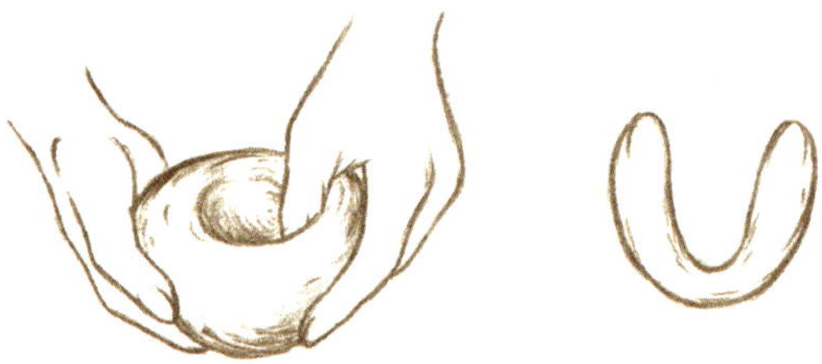

Pincez la terre entre le pouce et l'index en tournant le récipient.

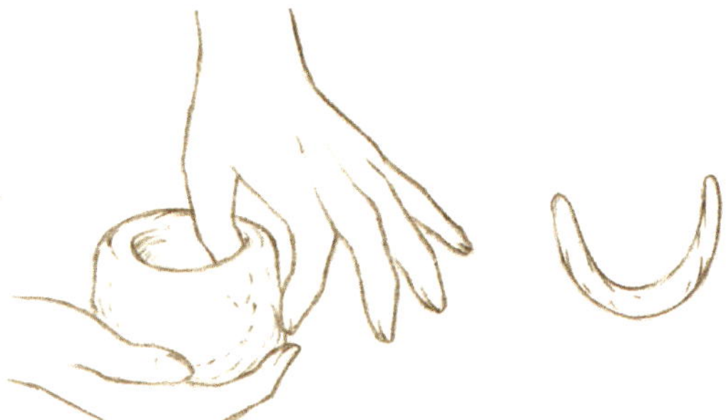

Essayez d'uniformiser l'épaisseur de la paroi.

Exercice 5

LE PINCÉ ET L'INFORMEL

Prenez trois boules de taille moyenne. Malaxez bien la terre afin d'en chasser les bulles d'air.

Lorsque votre boule vous paraît sphérique et régulière, prenez-la dans une main réceptacle et enfoncez-y le pouce de l'autre main, de haut en bas, par pression successive et en douceur. Attention à ne pas enfoncer votre pouce comme un tire-bouchon. Ne passez pas votre pouce à travers le fond si vous voulez un récipient. Ne transpercez pas le fond mais sachez en évaluer l'épaisseur.

N'allez pas trop vite pour éviter le craquellement. La chaleur de vos mains va dessécher la terre, n'hésitez pas à utiliser le brumisateur pour humidifier vos paumes et non la boule de terre.

Puis pincez la terre entre le pouce et l'index en tournant la boule dans votre main réceptacle. Commencez par le fond comme dans un rang de tricot. C'est un mouvement lent et répétitif, d'étage en étage qui va vous permettre de creuser votre bol. Laissez-vous porter à sentir la paroi. Essayez d'obtenir une épaisseur identique. Attention : pas de feuille à cigarette, d'épaisseur trop fine.

Exercez-vous successivement avec les trois boules sans chercher à obtenir une forme en particulier. Efforcez-vous d'exercer une pression régulière sur les parois pour acquérir un automatisme qui permettra à votre esprit de s'échapper de votre main.

NOTES

Maintenez le pouce et l'index l'un au-dessus de l'autre pour obtenir une ouverture constante de la base au sommet du bol.

Allongez le pouce pour refermer le col.

Allongez l'index pour évaser le col.

Exercice 6

LE PINCÉ ET LE FORMEL

Toujours à partir de trois boules de la taille d'un citron, modelez des bols en portant attention à la pression exercée entre le pouce et l'index. En faisant le choix, soit d'allonger le pouce, soit d'allonger l'index vous obtiendrez des formes ouvertes ou fermées.

Exercez-vous sans modération à maîtriser la matière. Tout en n'oubliant pas de prendre du plaisir (qui viendra c'est sûr avec la perception et la compréhension du geste) on passe du passif à l'actif. C'est une belle victoire dans le langage de la terre.
On a pris la « main » sur la matière.

NOTES

Un foulard sur les yeux, et les yeux dans les mains.
Vos pensées à l'intérieur du bol et un bol entre les paumes.

Exercice 7

FAIRE CONFIANCE À SES MAINS

Comme dans les exercices précédents, prenez trois boules de la taille de petits citrons, et bandez vos yeux d'un foulard, sans oublier votre brumisateur. Pendant 10 minutes, essayez de réaliser un récipient en décidant de la forme ouverte, fermée ou droite...
Rouvrez les yeux et observez votre travail. Est-il en relation avec ce que vous vouliez impulser à votre bol ?
Il est intéressant de renouveler cette expérience en écoutant une musique que vous aimez. Que se passe-t-il : la musique est-elle un soutien ou au contraire une distraction qui vous éloigne de votre objectif ?

NOTES

1

2

3

4

Ajoutez des anses et autres compléments décoratifs sans compromettre l'équilibre obtenu.

Exercice 8

ÉVOLUTION DU « BOL » : HABITER UN CONTENANT

Pour vous essayer à la recherche de l'équilibre, vous allez tester ces quatre propositions.

Première proposition : faites une petite plaque en forme de médaille au pincé, de forme carrée, ronde ou triangulaire. L'idée est que ça tienne debout ! Puis, à l'aide de la brosse à dents, guillochez le fond du bol et la partie de votre plaque qui doit adhérer, enduisez-les de barbotine et exercez une pression pour qu'ils viennent se coller en chassant les bulles d'air.

Seconde proposition : réalisez trois petites billes identiques en roulant un petit morceau de terre entre vos paumes, que vous allez aplatir ou non pour ensuite les assembler avec la barbotine. Attention : pas quatre billes car ce n'est pas stable !

Troisième proposition : réalisez un colombin en roulant la terre entre vos paumes et votre support, puis arrondissez-le et placez-le au fond du récipient après l'avoir guilloché et barbotiné.

Quatrième proposition : réalisez un autre petit bol en partant d'une boule plus petite et donnez un style mazagran à votre récipient. Vous pouvez varier les formes au rythme de vos aspirations à l'infini en recherchant l'harmonie.

Selon ce même principe de guillochage/barbotinage, on peut équiper le bol d'anses, de couvercles, de becs...

NOTES

Exercice 10

ÉVOLUTION DU « BOL » : UN BOL AVEC QUATRE BOLS

Avec quatre bols, réalisez un bol et son couvercle au pincé. Pour ce faire, observez attentivement cet exemple.

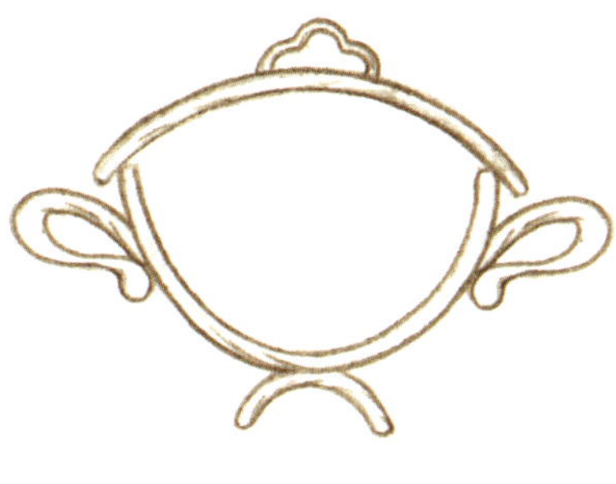

Exercice 9

ÉVOLUTION DU « BOL » : LES ANSES

Pour réaliser des anses, découpez dans la terre une languette d'épaisseur constante avec une clef ou un décapsuleur.

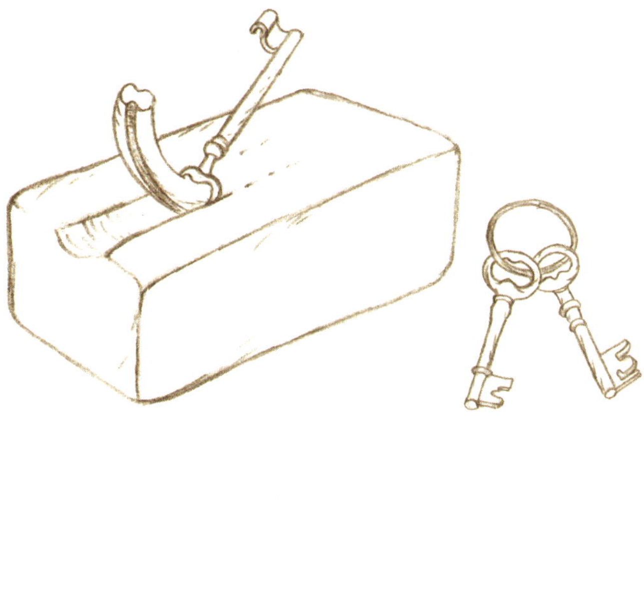

En superposant des bols sans fond, on obtient un vase longiligne.

Deux demi-bols assemblés forment une théière.

Autre exemple d'assemblage combinant plusieurs techniques.

Exercice 11

ÉVOLUTION DU « BOL » : PLACE À LA CRÉATIVITÉ

À partir d'un bol, lancez-vous : assemblage, barbotinage, découpage... Place à votre créativité ! Vous savez à présent modeler, couper, assembler, à vous de combiner ces savoirs pour donner forme à des projets originaux.

NOTES

Guillochez les bords.

Renforcez la soudure par un colombin.

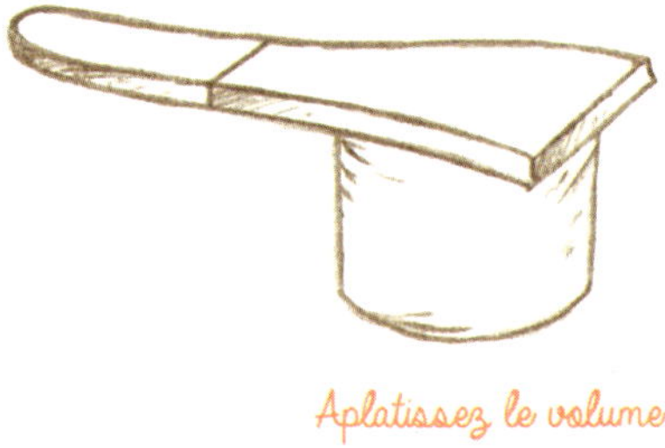

Aplatissez le volume.

Exercice 12

ÉVOLUTION DU « BOL » : DU ROND AU CARRÉ

Du rond au carré, changez de forme ! Cela signifie modifier le modelage déjà effectué. Par exemple, à partir de deux bols assemblés qui forment une boule on peut obtenir un carré...

Guillochez les bords de chaque bol pour favoriser leur adhérence.

Badigeonnez de barbotine les zones guillochées puis assemblez les bols. Appliquez un colombin tout autour pour renforcer la soudure. Estompez la démarcation en lissant avec un doigt humide. Puis, à l'aide d'une large spatule, tapotez par petits coups successifs pour aplatir le volume.

NOTES

TROISIÈME ÉTAPE

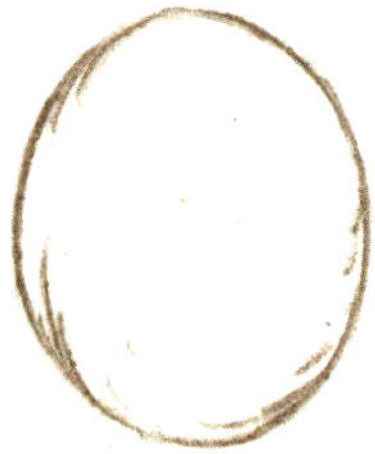

Modelez un gros œuf.

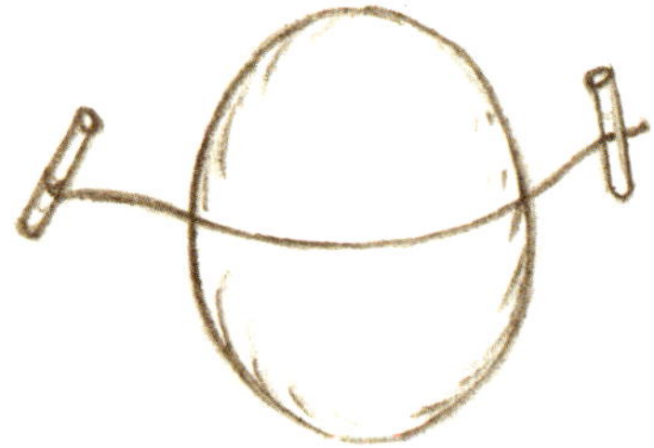

Coupez l'œuf en deux.

Vous obtenez deux demi-sphères pleines.

Creusez à l'aide d'une cuillère.

Veillez à obtenir une paroi d'épaisseur uniforme.

Assemblez les deux parties.

Exercice 13

ÉVOLUTION DU « BOL » : LE CREUSÉ

Si le pincé ne vous convient pas, fabriquez vos bols au creusé. Modelez une boule de la taille d'un citron. Coupez la boule en deux parties égales à l'aide du fil à découper. À l'aide d'une cuillère, évidez chaque forme pleine jusqu'à l'obtention d'une paroi fine et harmonieuse. Assemblez les deux formes : vous obtenez un volume identique à celui d'origine, mais creux.

NOTES

Une plaque constituera le fond du bol.

Enroulez le colombin sur lui-même.

Augmentez l'adhérence des colombins par pression.

Régularisez l'intérieur à l'aide d'une matrice.

Coupez les bords.

Lissez l'extérieur du bol.

Exercice 14

ÉVOLUTION DU « BOL » : LE COLOMBIN

La technique du colombin consiste à monter un volume par « boudins » successifs. Par simple roulement, vous allez obtenir un colombin. Déplacez vos mains pour que ce colombin soit d'épaisseur uniforme. Sur un plateau de bois, disposez une plaque qui constituera le fond du bol. Enroulez ensuite le colombin autour de cette base, comme un serpent.

Pressez les parois pour augmenter l'adhérence des colombins.
À l'aide d'une matrice (l'instrument de votre choix qui creusera le volume de façon régulière), lissez la paroi. Si vous le désirez, découpez le sommet aux ciseaux ou au couteau pour obtenir un bord net. Lissez l'extérieur du bol pour affiner sa forme et faire disparaître la démarcation entre les colombins.

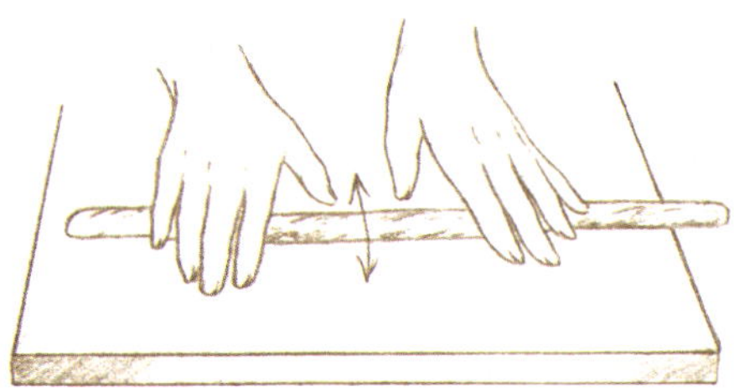

Roulez la terre pour obtenir un long colombin

Veillez à obtenir une plaque d'épaisseur uniforme.

Découpez les contours au couteau.

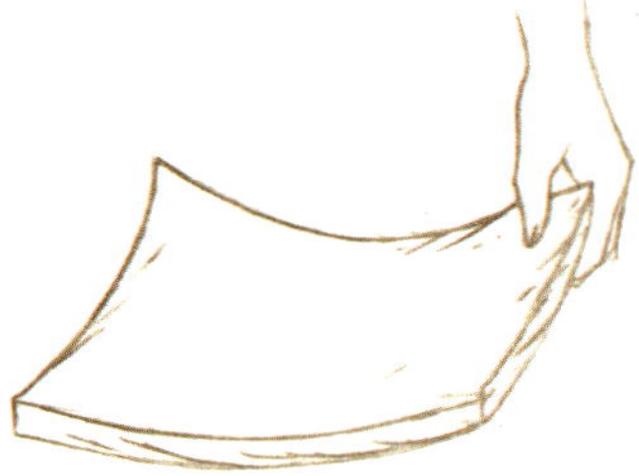

Incurvez les coins.

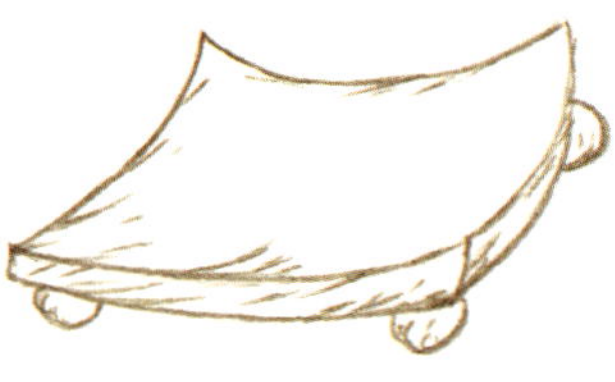

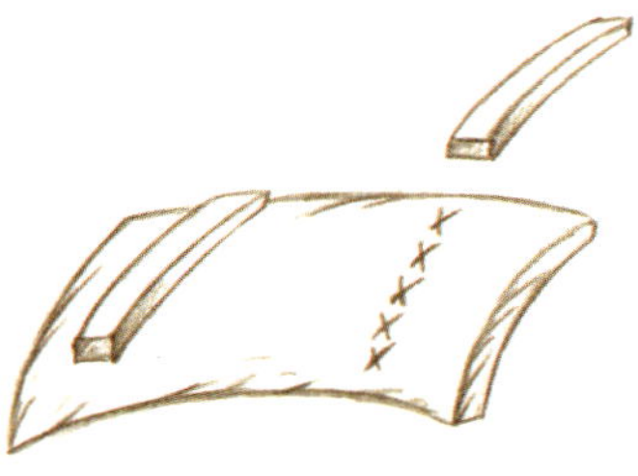

Ajoutez des pieds pour stabiliser l'ensemble.

Exercice 15

ÉVOLUTION DU « BOL » : LA PLAQUE

Vous allez à présent vous essayer à la technique de la plaque qui permet d'élaborer un bol mais aussi bien d'autres contenants. Pour commencer, veillez à obtenir une pâte d'épaisseur régulière à l'aide de tasseaux.
À l'aide d'un couteau, découpez les contours de la plaque selon la forme désirée. À ce stade, la terre est souple ; vous pouvez donc lui donner la forme de votre choix ; sur l'exemple ici donné, on a simplement incurvé les bords ; mais rien ne vous empêche d'imprimer un mouvement plus fort à votre plaque.
Pour donner de la stabilité au récipient, ajoutez des pieds ronds ou plats.
Ici, on a collé à la barbotine deux languettes de terre en guise de support. En faisant de même, vous vous exercerez à la technique de la plaque car, bien qu'elles soient de faible largeur, ces languettes sont elles-mêmes découpées dans une plaque.

NOTES

À ce stade, la terre est encore assez souple pour prendre l'empreinte de matériaux très fins et légers.

À l'aide d'un couteau, vous pouvez ôter de la matière. Ainsi ajouré, le bol devient photophore.

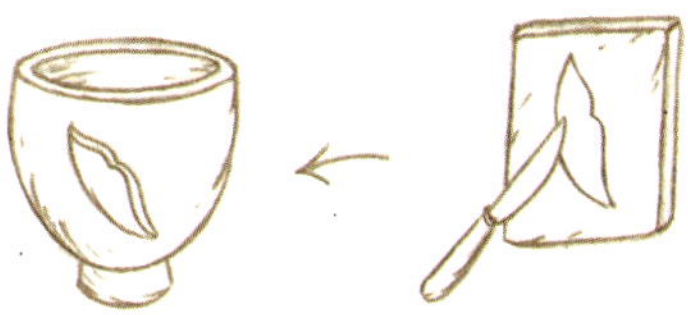

À l'aide de barbotine, vous pouvez coller sur le bol des reliefs préalablement découpés dans une plaque.

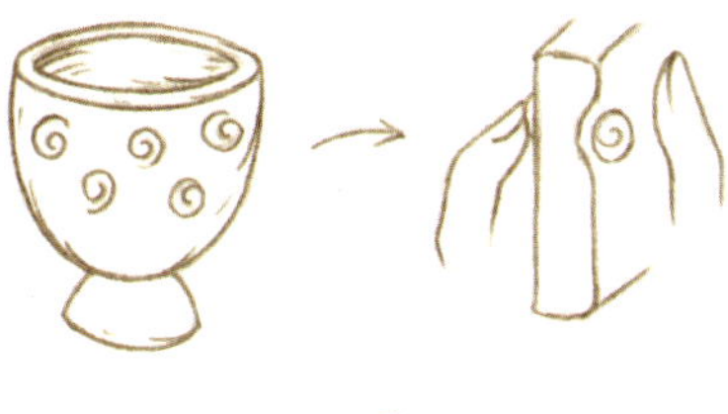

Vous pouvez imprimer des motifs en creux en veillant à ne pas transpercer la paroi.

Exercice 16

ÉVOLUTION DU « BOL » : LA QUALITÉ CUIR

Dans la terre qui n'est pas encore sèche, au stade de la « qualité cuir », exercez-vous à laisser diverses empreintes, à graver la surface avec des outils variés. Les sillons peuvent être exécutés avec la pointe d'un tournevis, d'un poinçon ou tout autre objet plus ou moins fin et pointu. Pour dessiner les détails des yeux dans le modelage d'un visage, par exemple, c'est ainsi que l'on procède.

Pour réaliser des empreintes, il vous faudra adapter la technique selon le type de matrice utilisée, selon qu'elle sera souple ou rigide. Pour l'empreinte de la dentelle, par exemple, utilisez un sac rempli de sable pour appuyer sur une large surface de tissu. Pour obtenir un résultat uniforme, le procédé est ainsi beaucoup plus efficace que si vous pressiez le tissu avec les doigts.

NOTES

Ces trois expressions contrastées expriment des émotions contraires.

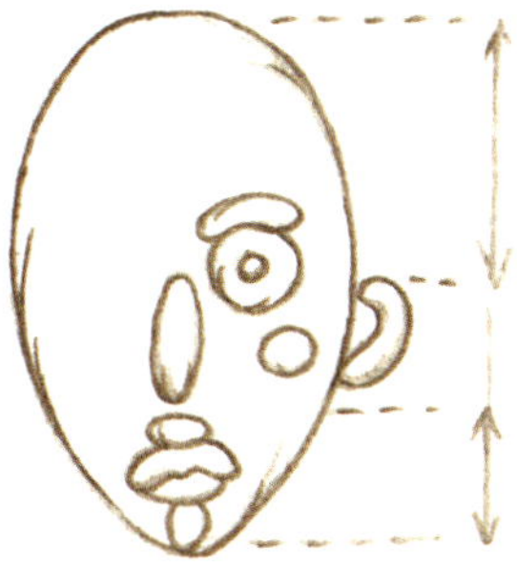

Observez ces quelques repères de proportions pour équilibrer le visage.

Exercice 17

VOIR

Réalisez trois boules de taille moyenne pour trois visages ou figurines à expressions différentes. Utilisez la technique du pincé ou de l'évidement, sans jamais oublier de faire un trou dans la boule pour laisser l'air s'échapper à l'aide d'une aiguille à tricoter, par exemple.
Sur ces boules, avec la technique de la boulette, donnez forme à vos envies…
Quelques repères vous sont proposés.

NOTES

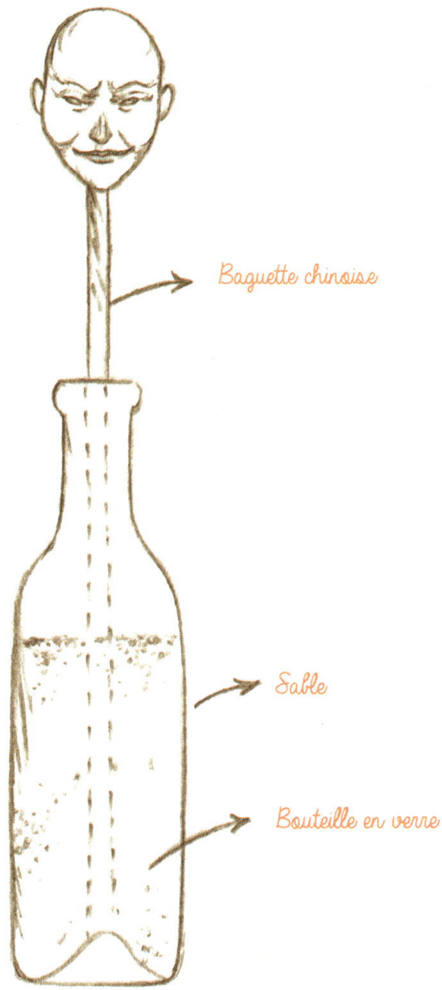
Baguette chinoise
Sable
Bouteille en verre

Exercice 18

PRENDRE DU RECUL

Avec du recul (trois mètres), observez votre travail. La pulsion que vous avez donnée à la terre est-elle celle que vous souhaitiez ? Reconnaissez-vous vos intentions ? Que pensez-vous de cette émotion lorsque vous tournez votre sculpture (360 degrés).

Variez vos points de vue : en haut d'un meuble, au sol... Amusez-vous, notez vos états d'âme, vos idées, faites des croquis et observez toujours avec un œil attentif.

NOTES

Exercice 20

DANS LA LUMIÈRE OU L'OBSCURITÉ

Fabriquez des formes géométriques en terre : carrées, rondes, rectangulaires... Vous pouvez aussi utiliser des visages de l'exercice précédent pour réaliser celui-ci.
Observez votre travail soit en le regroupant, soit en l'espaçant. Puis, à l'aide d'une lampe de poche, envoyez un jet de lumière d'incidence variable, rasante ou pas. Faites circuler la lumière. Vous pouvez mettre un petit chiffon de couleur, rouge par exemple, sur la lampe et observer encore ce qui se passe. L'ambiance change. Le message est-il le même ?

Toujours avec les mêmes bases, isolez votre travail, par exemple dans une boîte à chaussures laissée ouverte, et placez une bougie LED à côté. Quel impact l'ombre a-t-elle sur le travail ?

Cet exercice peut être renouvelé avec des formes différentes. Introduisez des angles, des trous, des cratères, etc. Amusez-vous et voyez encore que les effets peuvent être nombreux, voire infinis.

Votre créativité est là, faites-vous confiance et n'oubliez pas de noter.

NOTES

Exercice 19

SE DONNER À VOIR

Vous allez installer vos visages pour les offrir aux autres. Placez vos visages dans différents endroits et invitez vos proches à les observer. Laissez-les écrire ou dire leurs ressentis.

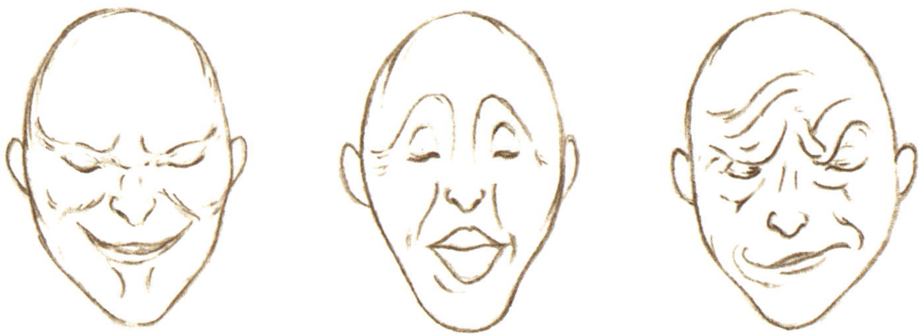

NOTES

Exercice 21

CONJUGUONS LES TECHNIQUES

Un exemple de combinaison de techniques vous est ici donné, qui mêle plaque, colombin, bol... Il ne s'agit pas de copier cet exemple ; trouvez votre propre source d'inspiration et lancez-vous.

Que vous preniez pour base un modèle existant ou que celui-ci soit né de votre imagination, les techniques à mettre en œuvre sont fonction des particularités de votre projet. Des croquis préalables vous permettront d'y voir plus clair.

Une fois les composantes du projet identifiées, la façon de procéder et l'ordre du travail s'imposeront à vous.

Il vous faudra parfois faire des choix.

Essayer, vous tromper, recommencer... Cela fait partie du processus créatif !

NOTES

Exercice 23

À VOUS DE JOUER : OSEZ

Vous avez acquis désormais une technique qui vous autorise à envisager des projets personnels et ambitieux ; soit par la taille (extrêmement grand ou extrêmement petit) soit par la complexité dans la multitude des reliefs et des formes.

Si l'hésitation est légitime à cet instant, elle ne doit pas vous empêcher d'entreprendre... Osez ! Ainsi obtenue la liberté d'exécution, vous allez pouvoir donner vie à vos projets.

Ne baissez jamais les bras. Concentrez-vous. Les modes de réalisation vous apparaîtront au fur et à mesure de vos tentatives. Ainsi, la confiance étant restaurée, la réflexion ayant facilité l'émergence de votre imaginaire, la créativité sera là, au cœur de vos mains.

NOTES

Exercice 22

À VOUS DE JOUER : LA RÉPÉTITION

Pour cet exercice, choisissez une de vos œuvres dont vous avez aimé le projet, mais dont la réalisation vous paraît insuffisante. Remettez-vous au travail, refaites-la, en essayant de corriger les imperfections jusqu'à obtenir un sentiment de satisfaction.

En perdant la spontanéité du travail initial, vous gagnerez en confiance. La subtilité consiste à savoir quand arrêter ! La répétition est donc loin d'être ennuyeuse. Elle vous permet d'entretenir une relation de connivence avec votre projet initial, en améliorant à chaque nouvel essai la maîtrise de vos gestes et de vos idées.

Ragaillardi par votre nouveau savoir-faire, vous oserez vous aventurer toujours plus loin, pour plus de plaisir et de risque, en sachant accueillir l'imprévu.

NOTES

Exercice 25

SIGNER C'EST FAIRE ACTE DE PATERNITÉ

Il s'agit à présent de trouver une écriture lisible dans la terre : votre signature. Procédez à plusieurs essais sur une plaque qui n'est pas encore complètement sèche (la fameuse « qualité cuir »). Divisez la surface en plusieurs cases dans lesquelles vous graverez vos initiales ou votre nom en vous essayant à diverses combinaisons. Un exemple vous est ici donné. Il ne s'agit pas « simplement » de signer de votre nom. Il s'agit d'aller jusqu'au bout du processus artistique.

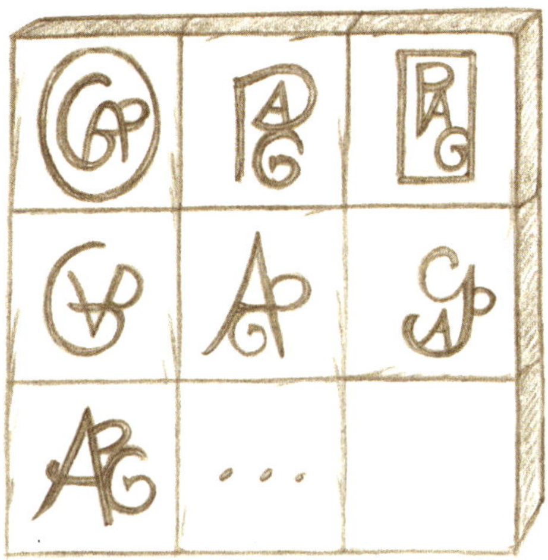

Une plaque de terre vous servira de feuille d'exercice !

Exercice 24

LE TOTEM, OBJET SYMBOLIQUE

Le totem sera votre emblème, celui qui vous permettra de vous identifier, d'incarner votre créativité. Il sera le témoin de votre détermination, de votre filiation artistique.

Il peut représenter un animal, un végétal, un objet naturel et/ou tout à la fois, sous forme de colonne ou autre. Ce totem peut être constitué de plusieurs pièces qui s'emboîtent les unes dans les autres.

Il doit incarner pour vous « la force sacrée » acquise avec ce parcours. Il représentera aussi le moment de découverte de votre « âme au modelage », cette invitation qui vous aura fait bouger de l'intérieur, aller plus loin pour trouver l'énergie nécessaire afin de découvrir les chaînons qui vous manquaient pour être créatif… et heureux.

NOTES

NOTES

NOTES

NOTES

Initiation au Modelage

REMERCIEMENTS

À Hélène Raviart, pour sa présence chaleureuse et attentive à toutes les étapes de ce projet.
À Marion Gaufroy, pour sa disponibilité et son aide précieuse.
À mes amis potiers, pour leur expérience artistique, leurs critiques, en particulier Michèle Lévy-Tessier.
À Laura Goudino, pour ses conseils pleins de bon sens.
À Geneviève W., Sylvie S. et Magali F. pour la pertinence de leurs témoignages.
À tous les artistes qui participent à la vie de l'atelier Terres à Vivre.
À Betty Pelletier, Anne-Sophie Romain et Béa Guillet pour leur soutien amical.
À Jean-Marc, Camille, Maxime et Juliette pour leur participation active à la naissance et à la réalisation de ce livre.
À François Waendendries, mon cousin, pour ses conseils avisés.
Au frère Daniel de Montmollin pour sa lecture attentive et bienveillante de cet ouvrage et pour le temps qu'il m'a consacré.
Je remercie enfin Madame Cornillot.

À Bénédicte, ma première lectrice.